Arne Krüger/Annette Wolter

Selber einfrieren, was schmeckt

Die besten Koch-Ideen und Tips zur Tiefkühltruhe

Gräfe und Unzer

Die Umschlagbilder:
Titelseite: Schweinebraten
(Rezept Seite 32)
2. Umschlagseite:
Hirten-Eintopf
(Rezept Seite 44)

Annette Wolter
gehört zu den führenden Kochbuch-Autoren im deutschen Sprachraum. Seit über zwölf Jahren sind Kochen und Haushalt ihr Ressort.
Annette Wolter begann als Mitarbeiterin großer Frauenzeitschriften. Heute ist sie anerkannte Expertin im Bereich Küche und Keller, Autorin erfolgreicher Kochbücher und mehrfache Preisträgerin der »Gastronomischen Akademie Deutschlands«.

Arne Krüger
ist Autorität auf allen Gebieten der Küche und Feinschmeckerei, Erfolgsautor kulinarischer Literatur und Mitglied zahlreicher bedeutender gastronomischer Vereinigungen, so des »Verbands der Köche Deutschlands«, der »Gastronomischen Akademie Deutschlands«, der »Wine and Food Society«, London, sowie sämtlicher Weinbruderschaften von »Bordeaux, Burgund, der Champagne und des Elsaß«.
Die Fachwelt schätzt ihn als Herausgeber der Zeitschriften »Feinschmecker« und »Küche« und verlieh ihm zahlreiche kulinarische Auszeichnungen und Titel. Arne Krüger ist auch Träger der »Poele d'Or«.

Farbfotos:
Maggi-Kochstudio: 2. Umschlagseite
Teubner Studio, Füssen: 1., 3. und 4. Umschlagseite sowie sämtliche Innenbilder

Zeichnungen:
Ingrid Schütz, München

Umschlaggestaltung: Heinz Kraxenberger
Satz und Druck des Textes, der Farbtafeln und des Umschlags:
Druckerei Appl, Wemding
Offset-Reproduktionen: G. Reisacher, Stuttgart
Bindung: R. Oldenbourg, München
ISBN: 3-7742-3239-3

Sie finden in diesem Buch

Ein Wort zuvor

Selber einfrieren, was schmeckt! Tausende Besitzer von Tiefkühlgeräten stehen immer wieder vor dem Problem: Was kann man eigentlich einfrieren, was schmeckt nach der eisigen Lagerzeit so gut wie frisch und was lohnt sich überhaupt?
Das haben wir für Sie ausprobiert und getestet. Hier sind Rezepte, die garantiert funktionieren und schmecken! Für alle, die solche lohnenden Kochideen für ihre Tiefkühltruhe suchen, ist dieser Küchenratgeber gemacht. Mit ihm können Sie ohne Vorkenntnisse sofort mit dem Einfrieren beginnen, denn jedes Rezept wurde so folgerichtig und verständlich abgefaßt, daß auch Koch-Anfänger Erfolg haben. Zusätzlich wird in jedem Rezept alles angegeben, was für das Einfrieren und Auftauen wichtig ist, und wie Sie das jeweilige Gericht vor dem Essen noch abrunden und verfeinern können. Und noch etwas: Wir haben uns bemüht, das Preisniveau aller Rezepte – ausgenommen einiger Sonntagsbraten – gut bürgerlich zu halten!
Tauchen dennoch Fragen auf, so finden Sie diese im Kapitel »Das Wichtigste auf einen Blick« beantwortet. Dieses Kapitel gibt auch Auskunft darüber, was Sie an Verpackungsmaterial kaufen müssen und nennt Ihnen Punkte, die generell zu beachten sind.
Am besten lassen Sie sich für die ersten Gerichte zum Einfrieren durch die Farbbilder in diesem Küchenratgeber anregen. Haben Sie dann einige Mahlzeiten aus dem Tiefkühler serviert, werden Sie bestimmt gern und bald alle Rezepte dieses Bandes ausprobieren wollen.

Und jetzt viel Spaß beim Einfrieren und guten Appetit wünschen Ihnen

Arne Krüger und Annette Wolter

Die Rezepte sind für 4 Personen berechnet – auf Ausnahmen wird besonders hingewiesen.

Das Wichtigste auf einen Blick

Temperaturen	Die Industrie gefriert alle Produkte schockartig bei minus 35 Grad und mehr! Durch diesen Kälteschock erleidet das Nahrungsmittel keinen Schaden und wird annähernd wie frisch mit allen Geschmacks- und Nährwerten erhalten. • Für das anschließende Lagern tiefgefrorener Lebensmittel muß die Temperatur minus 18 Grad betragen, sowohl im Handel wie im privaten Haushalt, damit die vorhandene Qualität erhalten bleibt.
Super	Wenn Sie Ihr Gefriergerät auf »Super« stellen, erreicht der Innenraum nach etwa 5 Stunden minus 24 – minus 35 Grad. Dies ist die benötigte Temperatur, um Lebensmittel schockartig einzufrieren. • Sie können also im Drei-Stern-Fach Ihres Kühlschrankes nicht neu einfrieren, weil es dort nie kälter als minus 18 Grad ist. Das Drei-Stern-Fach dient lediglich zum Aufbewahren bereits tiefgefrorener Produkte.
Vorgefrierfach	Größere Gefriergeräte haben ein eigenes Vorgefrierfach. Weil es hier kälter als im übrigen Innenraum ist, kommen dorthin die frisch einzufrierenden Lebensmittel, also getrennt von bereits Eingefrorenem. • Ist kein besonderes Fach zum Vorgefrieren vorhanden, legen Sie die Lebensmittel zum Einfrieren auf die Bodenfläche oder dicht an die Außenwände des Gerätes.
Das Einfrieren	Alle Lebensmittel die frisch eingefroren werden, sollten möglichst wenig Berührung miteinander und mit bereits eingelagerter Gefrierkost haben, damit die Luft gut zirkulieren kann. • Wenn alles gut durchgefroren ist, legen Sie die Vorräte so dicht wie möglich zusammen; die Kälte wird dabei am besten gespeichert. • Die gut verpackten Lebensmittel lagern bis zum Einfrieren am besten im Kühlschrank, damit sie bereits so kalt wie möglich in das Gefriergerät kommen. Ausnahme: Gebäck darf noch lauwarm eingefroren werden, weil sich der Geschmack von frisch Gebackenem so am besten erhält.
Fassungsvermögen	Welche Menge Ihr Gefriergerät faßt, geht aus der Gebrauchsanweisung hervor und ist als Nutzinhalt in Liter angegeben. • Praktisch können aber nur etwa $^2/_3$ des Liter-Inhaltes an festen Substanzen eingelagert werden; also zum Beispiel bei einem 150-l-Gerät 100 l festes Gefriergut.

Einzufrierende Mengen

Der Liter-Inhalt Ihres Gerätes bestimmt auch die Menge, die Sie innerhalb von 24 Stunden neu einfrieren können, das sind pro 100 Liter 7 kg. • Dieses Vermögen an Kälteleistung sollten Sie nie überschreiten und außerdem das tägliche Höchstmaß auch nicht auf einmal nützen. Teilen Sie das ungefrorene Gut in 3 Teile und frieren Sie diese Teile in 7-stündigem Abstand ein. • Je nach Größe, Dicke und Festigkeit der eingefrorenen Lebensmittel muß das Gerät nach dem Einlagern 5–24 Stunden auf »Super« geschaltet bleiben. So genügen bei Petersilie in kleinen Päckchen beispielsweise bereits 2–3 Stunden, bei einem Fleischpaket von 2 kg dagegen brauchen Sie 12 Stunden größte Kälte und bei einer Gans von 5 kg sogar bis zu 24 Stunden.

Die Portionen

Die Portionen sollten nur ausnahmsweise (Gans, Ente, Hammelkeule, Rehschlegel) schwerer sein als 1–2 kg oder 1 $^1/_2$ l Dosen-Inhalt überschreiten. Je kleinere Portionen eingefroren werden, desto rascher erreicht der Gefriervorgang den Kern des Gefriergutes. • Bereiten Sie familiengerechte Portionen vor und bedenken Sie, daß für den hartgefrorenen Block später ein genügend großer Topf zum Auftauen vorhanden ist (siehe Zeichnungen).

Soll Suppenfleisch eingefroren werden, so prüfen Sie, ob es später auch gefroren in den Suppentopf paßt, denn es wird gefroren aufgesetzt. Das Fleisch in Alufolie verpacken, alle Ränder gut andrücken.

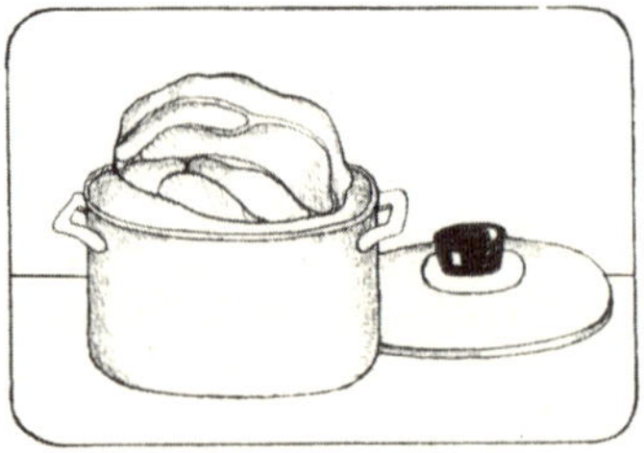

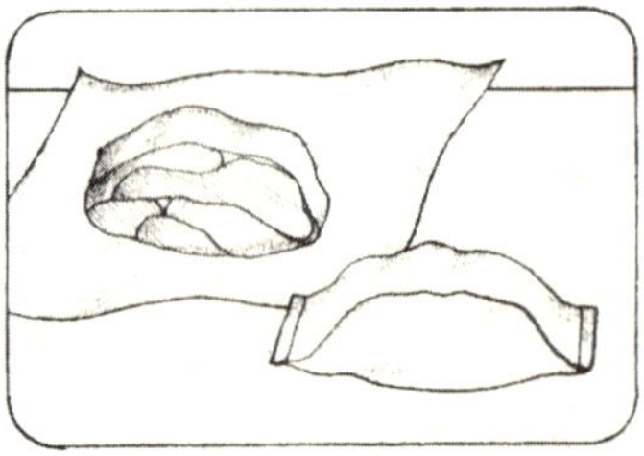

Qualität

Wenn Sie die wenigen Regeln beachten, die das sachgerechte Einfrieren erfordert, bleiben Qualität, Geschmack und Nährwerte weitgehend wie frisch erhalten. Einige Lebensmittel werden durch den Kälteschock sogar bekömmlicher, denn beispielsweise verlieren Kohl und Hülsenfrüchte ihre lästige Blähwirkung, und schwer lösliche Eiweißverbindungen sowie Zellulosebestandteile verändern sich positiv für die Auswertung im Körper. • Die Garzeiten verkürzen sich wesentlich, wodurch die Nährstoffe geschont werden. Aber bitte denken Sie daran: Mindere Qualität bleibt wie sie ist und ein altes Suppenhuhn kann sich auch im Gefriergerät nicht zu einem zarten Hähnchen verwandeln!

Das Verpacken

Für die Qualitätserhaltung ist das sorgfältige Verpacken des Gefriergutes äußerst wichtig. Alles, was Sie einfrieren wollen, muß möglichst luftdicht verpackt sein, um Geruchs- und Geschmacksübertragungen sowie das Austrocknen zu vermeiden (siehe auch untenstehende Zeichnungen).

Fleischbrühextrakt (stark eingekochte Fleischbrühe), oder kräftig schmeckende Saucen im Eiswürfelbehälter vorfrieren. Die Würfel dann in Schlauchfolie verpacken, einfrieren und bei Bedarf abschneiden.

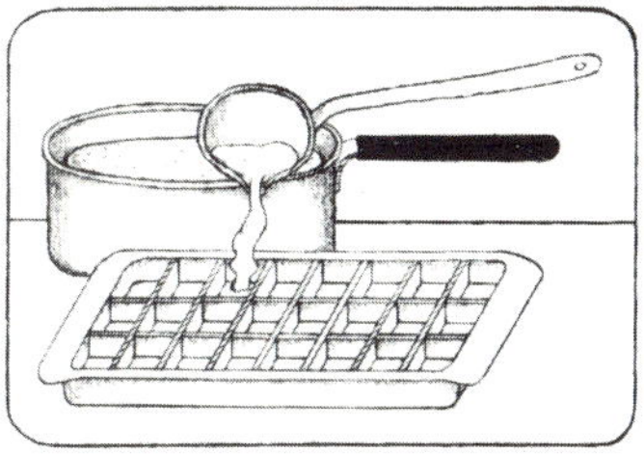

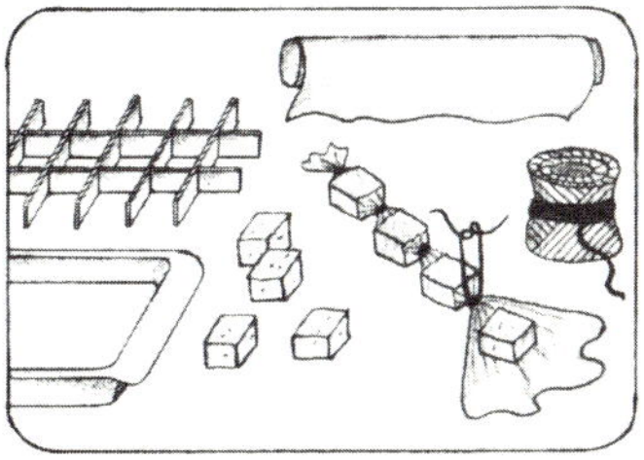

Das Verpackungsmaterial

Zum Verpacken genügt nicht irgendeine Plastik- oder Alufolie, nicht eine beliebige Dose oder ein Frischhaltebeutel schlechthin, sonders es muß Verpackungsmaterial sein, das speziell für das Einfrieren entwickelt wurde. • Verpackungsmaterial zum Einfrieren muß kälte- und hitzebeständig sein, absolut luftdicht, geschmack- und geruchlos, sowie fett- und säurebeständig. • Plastikbeutel und Plastikschläuche müssen die Mindeststärke von 0,05 mm aufweisen, besser noch 0,1 mm! Sie sind fühlbar stärker als einfache Frischhaltebeutel. • Verwenden Sie Aluminiumfolie, die »extra stark« oder »zum Einfrieren geeignet« ist. Normale Alufolie müßten Sie entsprechend doppelt bis dreifach nehmen.
• Auch Aluminiumbehälter eignen sich zum Einfrieren. Gehört kein Deckel zur Aluminiumform, muß diese mit extrastarker Alufolie verschlossen oder die ganze Form in einen Gefrierbeutel verpackt werden. • Kunststoffdosen gibt es in verschiedenen Größen mit gut schließenden Deckeln im Handel. Schließen die Deckel dennoch nicht einwandfrei, klebt man Tesakrepp herum.
• Außerdem können für kleinere Portionen auch Joghurt- und Quarkbecher sowie Industriegläser benützt werden, wenn sich

diese gut verschließen lassen. • Dosen und Gläser nie randvoll füllen, sondern stets 2–3 cm leeren Raum unter dem Rand lassen! • Mit welchem Verpackungsmaterial Sie auch immer arbeiten, wichtig ist nur, daß möglichst viel Luft aus dem Beutel gestrichen wird, daß das Verpackungsmaterial gut um das Gefriergut liegt und durch Gummiringe, Klebestreifen, mehrfaches Umknicken der Alufolie oder aber durch gut sitzende Deckel fest verschlossen bleibt.

Das Vorgefrieren

Unverpackt friert man alles vor, was später unaufgetaut, aber in einzelnen Stücken verwendet wird, beispielsweise Beeren, Zwetschgen, Rhabarberstücke für Kuchenbelag, Klöße oder roh eingefrorene Fleischstücke für Gulasch. • Man legt die einzelnen Stücke so auf eine Platte, daß sie sich nicht berühren und läßt sie unverpackt im Gefriergerät hartfrieren (siehe Zeichnung). • Hartgefroren verpackt man die einzelnen Stücke, beschriftet sie und friert sie endgültig ein. • Ebenso friert man vor, was durch das Verpacken im weichen Zustand an Form verliert, wie Sahneverzierungen oder garnierte Torten.

Beeren oder Obststücke, die für Kuchenbelag bestimmt sind, friert man am besten vor. Sie lassen sich dann bereits gefroren auf den ungebackenen Teig legen. Gefrorene Rhabarberstücke senkrecht in den Teig sinken lassen.

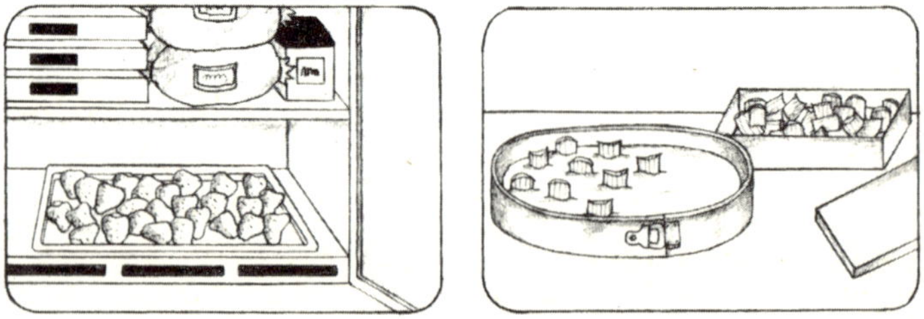

Beschriften

Um Ordnung und Übersicht im Gefriergerät zu behalten, sollte man sich nicht nur auf sein Gedächtnis verlassen, sondern jede einzufrierende Portion beschriften mit Inhalt, Menge und Datum.

Buchführung

Am besten tragen Sie in einem eigenen Heft zum Gefriergerät ein, wieviele Portionen jeweils eingelagert wurden und wann die zulässige Lagerdauer für die einzelnen Portionen abgelaufen ist. • Wird dem Gerät etwas entnommen, sollten Sie das selbstverständlich auch eintragen.

Antauen

Das Gefriergut ist angetaut, wenn zwar der Kern noch hartgefroren ist, die Randzonen aber bereits weich sind. • Angetaut lassen sich beispielsweise Fleisch oder Fisch panieren; angetaut paßt ein gefrorener Block meist auch in einen etwas kleineren Topf. • Wichtig: Was einmal angetaut ist, sofort verbrauchen. Es darf nicht erneut eingefroren werden!

Auftauen

Vor dem Gebrauch restlos auftauen müssen beispielsweise: Industriell eingefrorenes Geflügel, dessen Innereien in einem Plastikbeutel in der Bauchhöhle stecken. • Große Braten. • Alles, was bereits gegart ist und kalt oder roh gegessen wird, zum Beispiel Brot, Beeren. • Alles, was vor dem Erwärmen oder Garen in einzelne Stücke geteilt werden muß, aber als Block eingefroren wurde. • Zum Auftauen das Gefriergut aus der Verpackung nehmen und zugedeckt 14–16 Stunden im Kühlschrank oder ebenfalls zugedeckt über Nacht bei Zimmertemperatur auftauen lassen. • Wenn es besonders schnell gehen soll, verpacktes Gut unter schwach fließendes kaltes Wasser legen. • Gefrorenes Gut im Backofen, im Grill, im Kochtopf, im Schnellkochtopf oder im Mikrowellenherd auftauen.

Was lohnt sich einzufrieren

Alle saisonbedingten Früchte. • Verderbliche Lebensmittel, die nur in so großen Mengen angeboten werden, daß sie für mehrere Mahlzeiten ausreichen; zum Beispiel Brot für kleinere Haushalte. • Vorräte, die unabhängig vom Einkaufen machen. • Vorräte, die kochfreie Tage ermöglichen. • Preisgünstige Lebensmittelangebote. • Fertige Gerichte mit langen Garzeiten. • Halbfertiggerichte, bei denen es keinen Zeitunterschied bedeutet, ob Sie eine kleine oder gleich eine größere Menge herstellen (zum Beispiel Frikadellen, die roh eingefroren werden).

Was ist geeignet

Grundsätzlich können Sie sich am Angebot der Industrie orientieren, denn alles, was in der Händlertruhe tiefgefroren angeboten wird, eignet sich auch zum Einfrieren im privaten Haushalt.

Was ist nicht geeignet

Aus dem reichen Angebot gibt es nur wenige Lebensmittel, die sich absolut nicht zum Einfrieren eignen, da sich ihre Konsistenz unangenehm verändert:

Gekochte und pochierte Eier
Hirn
Blattsalate
Radieschen und Rettiche
Rohe Kartoffeln
Rohe Zwiebeln
Mayonnaise
Kaffeesahne
Joghurt
Hüttenkäse
Roher Biskuitteig
Makronengebäck
Meringen
Pudding
Sago- und Gelatinespeisen

Wichtig bei Fertiggerichten

Nichts zu lange garen; die Garzeiten verkürzen sich um etwa 15 %. • Keine Fertiggerichte aus oder mit bereits gefrorenen Zutaten einfrieren. • Möglichst wenig Fett und nur Markenmargarine, Markenöl oder Butter verwenden. • Speck sparsam verwenden; kürzere Lagerdauer für Gerichte mit Speck beachten. • Sahne, saure Sahne, Mayonnaise, frische Kräuter, Eigelblegierung, Eischneelockerung, Speisestärke- oder Mehlbindungen, Wein und Essig möglichst erst nach dem Auftauen zugeben. • Zwiebel, Knoblauch, Bohnenkraut, Majoran, Muskatnuß, Paprikapulver, Pfeffer, Senf, Vanille, Salz und Selleriesalz immer sehr sparsam an Fertiggerichte geben, weil der Geschmack intensiver oder unangenehm verändert werden kann. • Ohne geschmackliche Veränderung bleiben Ingwer, Kapern, Kümmel, Meerrettich, Nelken, Zimt und Zitronenschale.

Lagerdauer

Wenn Sie nun noch die jeweils beim Rezept angegebene Lagerdauer beachten und diese nicht überschreiten, so ist Ihnen der Erfolg, frohe Gesichter bei Tisch sowie mehr Freizeit sicher.

Die Rezepte

Bitte beachten Sie, daß die Rezepte jeweils für 4 Personen berechnet sind, aber stets gleich für zwei oder drei Mahlzeiten! Sobald Sie herausgefunden haben, welche Gerichte Ihre Familie besonders mag, werden Sie diese vielleicht in einem Kochgang für vier und mehr Mahlzeiten bereiten wollen? Lohnend ist das vor allem bei Speisen, die sich länger als vier Wochen einfrieren lassen, da sich bei kürzerer Lagerdauer zu rasche Wiederholungen ergeben könnten.
Sollten Sie aber von Zeit zu Zeit den »Groß-Kochtag« einführen, um Ihr Gefriergerät mit fertigen Gerichten zu füllen, so wäre die Anschaffung von genügend großen Töpfen, einer Küchenmaschine mit reichem Zubehör und vielleicht sogar ein großer Schnellkochtopf die ideale Ergänzung zur Gefriertruhe!

Kartoffelsuppe mit Kerbel

Zutaten für 2 Mahlzeiten:
600 g Ochsenbrust
1/4 Teel. Salz
2 Möhren
1 Stange Lauch (Porree)
1 kg Kartoffeln

Zum Abrunden:
1/4 Teel. Selleriesalz
1/2 Tasse Sahne
1 Eßl. kleingeschnittene Kerbelblätter

Zubereitungszeit:
25 Minuten

Garzeit:
50 Minuten

Lagerdauer:
8 Monate

So wird's gemacht:

Das Fleisch unter fließendem kaltem Wasser waschen, mit dem Salz und 2 l kaltem Wasser aufsetzen und zugedeckt bei milder Hitze 50 Minuten schwach kochen lassen. • Die Möhren und den Lauch putzen, gründlich waschen, in Scheiben schneiden und zum Fleisch geben. • Die Kartoffeln bürsten, schälen, waschen, in Würfel schneiden und 20 Minuten vor Ende der Garzeit in die Suppe geben. • Das Fleisch aus der Brühe nehmen, in gleichgroße Würfel schneiden, wieder in die Suppe geben und diese noch so lange kochen lassen, bis die Kartoffelwürfel zerfallen. • Die eine Hälfte der Suppe zugedeckt abkühlen lassen, die andere Hälfte mit dem Selleriesalz und eventuell noch etwas Salz abschmecken, mit der Sahne verrühren und mit den Kerbelblättern bestreuen.

Richtig einfrieren:

Den abgekühlten Teil der Suppe in einen Gefrierbehälter füllen, gut verschließen, beschriften und im Kühlschrank völlig erkalten lassen. • Die kalte Suppe einfrieren.

Vor dem Essen:

Eine halbe Tasse Wasser zum Kochen bringen, den gefrorenen Suppenblock in das kochende Wasser geben und die Suppe zugedeckt bei milder Hitze auftauen und erwärmen. Die heiße Suppe mit Selleriesalz und eventuell noch mit Salz abschmecken, ebenfalls mit Sahne abrunden und mit Kerbelblättchen bestreuen.

Das paßt dazu:

Getoastetes Graubrot und als sättigende Einlage nach Belieben in Scheiben geschnittene Bauernbratwurst; als Nachtisch eine Quarkspeise.

Unser Tip:

Frische Kerbelblätter schon beim Kochen für die zweite Portion gesondert in Alufolie einfrieren. Im Winter getrockneten Kerbel – je 1 Prise – über die fertige Suppe geben (nicht mit einfrieren).

Blumenkohlsuppe mit Schinken

Bild Seite 18

Zutaten für 2 Mahlzeiten:
$^1/_2$ Teel. Salz
2 Köpfe Blumenkohl
2 Eßl. Margarine
2 gestr. Eßl. Mehl
1 $^1/_2$ l heißes Wasser

Zum Abrunden:
150 g Schinken
je 1 Prise Salz, Pfeffer und geriebene Muskatnuß
1 Eigelb
$^1/_8$ l Sahne
1 Eßl. kleingeschnittene Petersilie

Zubereitungszeit:
40 Minuten

Lagerdauer:
6 Monate

So wird's gemacht:
Das Salz mit $^1/_2$ l Wasser zum Kochen bringen. • Den Blumenkohl von den äußeren grünen Blättern befreien, in Röschen zerteilen, die Strünke abschneiden und mit den Röschen gründlich kalt waschen. Strünke und Röschen in einem Siebeinsatz über das kochende Salzwasser geben und zugedeckt 25 Minuten dämpfen. • Den Blumenkohl abtropfen lassen, das Dämpfwasser aufbewahren und die Strünke im Elektromixer pürieren oder durch ein Sieb passieren. • Die Margarine im Topf schmelzen lassen, das Mehl einstäuben, unter Rühren hellgelb anbraten und nach und nach mit dem Dämpfwasser aufgießen. Das Blumenkohlpüree und 1 $^1/_2$ l heißes Wasser langsam zufügen und einige Male aufkochen lassen. • Die Blumenkohlröschen in die Suppe geben und die Hälfte der Suppe zugedeckt abkühlen lassen. • Den Schinken in gleichgroße Streifen schneiden, in die ander Hälfte der Suppe geben, darin erwärmen und die Suppe mit dem Salz, dem Pfeffer und der geriebenen Muskatnuß abschmecken. • Das Eigelb mit der Sahne verquirlen, die Suppe vom Herd nehmen und die Eigelb-Sahne-Mischung in die Suppe rühren. Die Suppe vor dem Servieren mit der Petersilie bestreuen.

Richtig einfrieren:
Die abgekühlte Suppe in einen Gefrierbehälter füllen, diesen gut verschließen, beschriften und im Kühlschrank völlig erkalten lassen. • Die kalte Blumenkohlsuppe einfrieren.

Vor dem Essen:
Den gefrorenen Suppenblock in etwa 3 Eßlöffel kochendes Wasser geben und zugedeckt bei milder Hitze auftauen und erwärmen. • Die Suppe vor dem Servieren ebenfalls mit Schinkenstreifen anreichern, mit Salz, Pfeffer und geriebener Muskatnuß abschmecken und mit Eigelb und Sahne legieren. Die Suppe mit Petersilie bestreuen.

Das paßt dazu:
Getoastetes Weißbrot; als Nachtisch ein süßer Auflauf und Kompott.

Unser Tip:
Statt mit Schinken schmeckt die Suppe auch gut mit Resten von gegartem Geflügelfleisch und mit einer Tasse tiefgefrorenen Erbsen; beides aber erst nach dem Auftauen in der Suppe erhitzen.

Selleriecremesuppe

Zutaten für 2 Mahlzeiten:
500 g Sellerieknollen
1 l Wasser
$^1/_2$ Teel. Salz
die Sellerieblätter
3 Eßl. Margarine
3 gestr. Eßl. Mehl
$^1/_2$ l Fleischbrühe aus Würfel
$^1/_4$ l Milch

Zum Abrunden:
1 Eigelb
$^1/_8$ l Sahne

Zubereitungszeit:
40 Minuten

Garzeit:
1 Stunde und 10 Minuten

Lagerdauer:
2 Monate

Unser Tip:
Platzsparender ist es, wenn Sie nur das Selleriepüree einfrieren und die Suppe erst vor dem Essen fertig zubereiten. Lagerdauer für das Püree: 6 Monate.

So wird's gemacht:
Die Sellerieknollen unter fließendem kaltem Wasser gut bürsten, schälen und noch einmal gut waschen. Die Knollen achteln und mit dem Wasser und dem Salz 1 Stunde weichkochen. • Die Blätter der Sellerieknollen waschen, abtropfen lassen, kleinschneiden und zugedeckt aufbewahren. • Die garen Selleriestücke mit der Kochbrühe nacheinander im Mixer pürieren oder durch ein Sieb passieren. • Die Margarine schmelzen lassen, das Mehl hineinstäuben, unter Rühren hellgelb anbraten und nach und nach mit dem Selleriepüree auffüllen. Die Fleischbrühe und die Milch unterrühren und die Suppe zugedeckt weitere 10 Minuten bei milder Hitze kochen lassen. • Die halbe Menge der Suppe zugedeckt abkühlen lassen. • Das Eigelb mit der Sahne mischen, einige Löffel der heißen Suppe untermischen, die andere Hälfte der Suppe vom Herd nehmen und mit dem Eigelb-Sahne-Gemisch verrühren. • Die Hälfte der Sellerieblättchen in die Suppe geben.

Richtig einfrieren:
Die abgekühlte Suppe in einen Gefrierbehälter füllen, diesen fest verschließen, beschriften und im Kühlschrank völlig erkalten lassen. • Die restlichen Sellerieblättchen verpacken und mit der kalten Suppe einfrieren.

Vor dem Essen:
Den gefrorenen Suppenblock in 3 Eßlöffel kochendes Wasser geben und zugedeckt bei milder Hitze auftauen und erwärmen. • Die Suppe vor dem Servieren ebenfalls mit Eigelb und Sahne legieren, mit den restlichen Sellerieblättchen bestreuen und nach Belieben noch mit Salz und weißem Pfeffer abschmecken.

Das paßt dazu:
Bauernbrot. Schinkenwürfel reichern die Suppe noch zusätzlich an. Als Nachspeise Obstsalat mit Joghurt.

Dicke Bohnensuppe

Bild Seite 17

Zutaten für 2 Mahlzeiten:
750 g weiße Bohnenkerne
500 g Schweinebauch
1 Speckschwarte
1 Zwiebel
4 Eßl. Tomatenmark
4 Eßl. Paprikamark
1/4 Teel. Salz

Zum Abrunden:
4 Tomaten
je 1 Prise Selleriesalz und weißer Pfeffer
etwas flüssige Suppenwürze
1/2 Tasse Sahne

Einweichzeit:
12 Stunden

Zubereitungszeit:
15 Minuten

Garzeit:
2 Stunden

Lagerdauer:
4 Wochen

So wird's gemacht:
Die Bohnenkerne im Sieb kalt abbrausen und in einem großen Topf über Nacht mit Wasser bedeckt quellen lassen. • Zu den eingeweichten Bohnen zusätzlich knapp 1 l Wasser gießen, den Schweinebauch und die Speckschwarte dazugeben und zugedeckt 1 1/2 Stunden bei milder Hitze kochen lassen. • Die Zwiebel schälen und in kleine Würfel schneiden. • Den Schweinebauch aus der Suppe nehmen und in gleichgroße Würfel schneiden. Die Fleischwürfel mit den Zwiebelwürfeln wieder in die Suppe geben. • Das Tomatenmark, das Paprikamark und das Salz mit wenig Wasser anrühren, in die Suppe geben und diese zugedeckt weitere 30 Minuten kochen lassen. Die Speckschwarte entfernen. • Die Hälfte der Bohnensuppe abkühlen lassen. • Die Tomaten waschen, vierteln und in der anderen Hälfte der Suppe 10 Minuten zugedeckt kochen lassen. • Diese Hälfte der Suppe zuletzt mit dem Selleriesalz, dem Pfeffer und der Suppenwürze abschmecken und vor dem Servieren mit der Sahne mischen.

Richtig einfrieren:
Die abgekühlte Bohnensuppe in einen Gefrierbehälter füllen, diesen gut verschließen, beschriften und im Kühlschrank völlig erkalten lassen, die kalte Suppe einfrieren.

Vor dem Essen:
Den noch gefrorenen Suppenblock in 3 Eßlöffel kochendes Wasser legen und zugedeckt bei milder Hitze langsam auftauen und erwärmen. • Die heiße Suppe ebenfalls mit Tomaten anreichern, mit Selleriesalz, weißem Pfeffer und Suppenwürze abschmecken und mit der Sahne abrunden.

Das paßt dazu:
Bauernbrot; als Nachtisch Früchtequark (Rezept Seite 68)

Unser Tip:
Die Bohnensuppe wird noch kräftiger, wenn Sie pro Person 1 Brühwurst oder 1 Bauernbratwurst in Scheiben geschnitten darin erhitzen.

Italienische Gemüsesuppe

Bild nebenstehend

Zutaten für 3 Mahlzeiten:
6 Möhren
3 Stangen Lauch (Porree)
500 g Erbsen
500 g grüne Bohnen
1 große Sellerieknolle
1 Bund Liebstöckel
1 kg Weißkohl
2 Petersilienwurzeln
4 Eßl. Öl
3 l heiße Instant-Fleischbrühe
3 Tassen Langkornreis

Zum Abrunden:
1 Prise Knoblauchpulver
6 Eßl. geriebener Parmesankäse

Zubereitungszeit:
1 Stunde

Lagerdauer:
6 Monate

Unser Tip:
Die Suppe sättigt mehr und schmeckt noch dazu ausgezeichnet, wenn Sie kleingeschnittenes gegartes Geflügelfleisch zugeben.

So wird's gemacht:
Die Möhren schaben, den Lauch gründlich putzen, beides unter fließendem kaltem Wasser waschen und in gleichgroße Stücke schneiden. • Die Erbsen enthülsen, im Sieb kalt abbrausen und abtropfen lassen. • Die Bohnen entfädeln, waschen und große Bohnen in Stücke brechen. • Das Kraut von der Sellerieknolle und den Liebstöckel kalt abbrausen, abtropfen lassen, kleinschneiden, in 3 Portionen teilen und zugedeckt aufbewahren. • Den Kohl vierteln, schlechte Blätter und die dicken Strünke entfernen und den Kohl in Streifen schneiden. • Die Sellerieknolle und die Petersilienwurzel unter fließendem kaltem Wasser bürsten, schälen und in Stifte schneiden. • Das Öl in einem genügend großen Topf erhitzen und die Gemüsestückchen unter ständigem Rühren 5 Minuten darin anbraten. Die heiße Fleischbrühe über das Gemüse gießen und zugedeckt 10 Minuten kochen lassen. • Den Reis mehrmals kalt waschen, in die kochende Suppe schütten und 12 Minuten mitkochen lassen. • Die Suppe in 3 Teile teilen und 2 Teile zugedeckt abkühlen lassen. • Den dritten Teil der Suppe noch einmal 5 Minuten kochen lassen und mit dem Knoblauchpulver abschmecken. • Die Suppe vor dem Servieren mit einer Kräuterportion bestreuen und den Parmesankäse gesondert dazu reichen.

Richtig einfrieren:
Die abgekühlte Suppe in 2 Gefrierbehälter füllen, diese gut verschließen, beschriften und im Kühlschrank völlig erkalten lassen. Die kalte Suppe einfrieren. • Die beiden Kräuterportionen in Alufolie verpacken, gut verschließen, beschriften und einfrieren.

Vor dem Essen:
Den gefrorenen Suppenblock in 3 Eßlöffel kochendes Wasser geben und zugedeckt bei milder Hitze auftauen und erwärmen. • Die Suppe vor dem Servieren ebenfalls mit Knoblauchpulver abschmecken und mit der gefrorenen Kräuterportion bestreuen.

Das paßt dazu:
Getoastetes Weißbrot mit pochiertem Ei; als Nachtisch echte Vanille-Eiscreme (Rezept Seite 65).

◁ Servieren Sie die Blumenkohlsuppe (Rezept Seite 13) mit Toasts als leichte Abendmahlzeit.

Überbackene Gulaschsuppe

Bild Seite 17

Zutaten für 2 Mahlzeiten:
400 g Schweinefleisch
200 g Rindfleisch
400 g Zwiebeln
3 rote Paprikaschoten
2 Eßl. Öl
1 Dose Tomatenmark
2 gestr. Eßl. Mehl
$^1/_4$ Teel. Salz
$1^3/_4$ l heißes Wasser

Zum Abrunden:
1 gestr. Eßl. edelsüßes Paprikapulver
$^1/_2$ Tasse saure Sahne
2 Scheiben Toastbrot
1 Tomate
4 Eßl. geriebener Käse
2 Teel. Butter

Zubereitungszeit:
35 Minuten

Garzeit:
1 Stunde und 30 Minuten

Lagerdauer:
2 Monate

So wird's gemacht:
Das Fleisch von Häuten und Sehnen befreien und in gleichkleine Würfel schneiden. • Die Zwiebeln schälen und würfeln. • Die Paprikaschoten halbieren, die Rippen und Kerne entfernen, die Schotenhälften waschen und in Streifen schneiden. • Das Öl in einem Topf erhitzen, die Zwiebelwürfel, die Fleischwürfel und die Paprikastreifen zufügen und unter ständigem Rühren 10 Minuten anbraten. • Das Tomatenmark zugeben, das Mehl darüberstäuben, das Salz hinzufügen und alles unter ständigem Rühren nach und nach mit dem heißen Wasser auffüllen. • Die Gulaschsuppe zugedeckt bei milder Hitze 1 Stunde und 30 Minuten kochen lassen. • Die eine Hälfte der Suppe abkühlen lassen. • Den Backofen auf 220° vorheizen. • Die andere Hälfte der Suppe mit dem edelsüßen Paprikapulver und der sauren Sahne verrühren und die Suppe in vier feuerfeste Suppentassen füllen. • Die Toastbrote rösten. • Die Tomate waschen, abtrocknen und in Scheiben schneiden. • Die gerösteten Brotscheiben in Dreiecke zerschneiden, je 1 Dreieck auf die Suppe legen, darauf eine Tomatenscheibe und über die Tomatenscheibe den geriebenen Käse verteilen. Die Butterflöckchen auf den Käse setzen und die Suppe im Backofen so lange überbacken, bis der Käse zu schmelzen beginnt.

Richtig einfrieren:
Die abgekühlte Suppe in einen Gefrierbehälter füllen, diesen gut verschließen, beschriften und im Kühlschrank erkalten lassen. Die kalte Suppe einfrieren.

Vor dem Essen:
Den hartgefrorenen Suppenblock in 3 Eßlöffel kochendes Wasser legen und bei milder Hitze zugedeckt auftauen und erwärmen. • Die heiße Suppe mit dem edelsüßen Paprikapulver und der sauren Sahne verrühren, in feuerfeste Suppentassen füllen, wie die ersten 4 Portionen belegen und überbacken.

Unser Tip:
Platzsparender ist es, wenn die Suppe nur mit der halben Wassermenge gegart und erst vor dem Essen mit der fehlenden Menge aufgefüllt wird.

Geflügelcremesuppe

Zutaten für 2 Mahlzeiten:
1 frisches Suppenhuhn
1 Stange Bleichsellerie
2 Möhren
1 Zwiebel
4 Pfefferkörner
2 Gewürznelken
$^1/_2$ Teel. Salz
1 $^1/_2$ l Wasser
2 Stangen Lauch (Porree)
3 Eßl. Butter oder Margarine
4 gestr. Eßl. Mehl

Zum Abrunden:
$^1/_8$ l Sahne
2 Eigelbe

Zubereitungszeit:
30 Minuten

Garzeit:
1 Stunde

Lagerdauer:
4 Monate

So wird's gemacht:
Das Suppenhuhn in Viertel zerteilen und alle Teile unter fließendem kaltem Wasser waschen. • Die Selleriestange waschen und in Stücke schneiden. • Die Möhren schaben, waschen, halbieren und die Hälften längs vierteln. • Die Zwiebel schälen, achteln und mit den Selleriestücken, den Möhrenstiften, den Geflügelteilen, den Pfefferkörnern, den Gewürznelken, dem Salz und dem Wasser in einen Topf geben und zugedeckt bei milder Hitze insgesamt 1 Stunde kochen lassen. • Den Lauch der Länge nach halbieren, waschen und in feine Scheibchen schneiden. • Die Geflügelbrühe durch ein Sieb gießen, das Geflügelfleisch von Haut und Knochen befreien und in gleichgroße Stücke schneiden. • Die Butter oder Margarine schmelzen lassen, unter Rühren die Lauchscheibchen 5 Minuten darin anbraten, das Mehl darüberstäuben, ebenfalls mitbraten und nach und nach mit der Hühnerbrühe auffüllen. • • Die Gemüsewürfel und das Hühnerfleisch in die Suppe geben, einige Minuten kochen lassen und eine Hälfte der Suppe zugedeckt abkühlen lassen. • Die Sahne mit den Eigelben verrühren, einige Löffel der heißen Suppe in die Eigelb-Sahne rühren, die Suppe vom Herd nehmen und die Sahnemischung unterziehen.

Richtig einfrieren:
Die abgekühlte Portion der Suppe in einen Gefrierbehälter füllen, diesen gut verschließen, beschriften und im Kühlschrank erkalten lassen. • Die kalte Geflügelsuppe einfrieren.

Vor dem Essen:
Den gefrorenen Suppenblock in 3 Eßlöffel kochendes Wasser legen und zugedeckt bei milder Hitze auftauen und erwärmen. • Die warme Suppe ebenfalls mit der Sahne und den Eigelben legieren.

Unser Tip:
Sie können die Suppe auch ohne Mehlzugabe einfrieren und das Binden erst nach dem Wiedererwärmen vornehmen.

Rindfleischsuppentopf

Bild Seite 17

Zutaten für 2 Mahlzeiten:
700 g Rindfleisch
$^1/_2$ Teel. Salz
2 Bunde Suppengrün
4 Möhren
2 grüne Paprikaschoten
2 rote Paprikaschoten
300 g Bandnudeln

Zum Abrunden:
je 1 Prise Selleriesalz und weißer Pfeffer
etwas flüssige Suppenwürze
2 Eßl. kleingeschnittene Petersilie

Zubereitungszeit:
30 Minuten

Garzeit:
1 Stunde und 20 Minuten

Lagerdauer:
4 Monate

So wird's gemacht:

Das Rindfleisch kurz kalt abbrausen, mit dem Salz und $2^1/_2$ l Wasser in einen Topf geben und im offenen Topf bei milder Hitze 1 Stunde und 10 Minuten kochen lassen. • Das Suppengrün kalt waschen, schlechte Stellen und die Wurzelenden entfernen und das Suppengrün grob kleinschneiden. • Die Möhren schaben, waschen und in Stifte schneiden. • Die Paprikaschoten halbieren, von Rippen und Kernen befreien, die Schotenhälften waschen und in Streifen schneiden. • Nach 1 Stunde und 10 Minuten Kochzeit das Rindfleisch aus der Brühe nehmen und in kleine Würfel schneiden. Die Fleischwürfel mit dem zerkleinerten Suppengrün, den Möhrenstiften, den Paprikastreifen und den Bandnudeln in die Brühe geben und zugedeckt bei milder Hitze weitere 20 Minuten kochen lassen. • Die eine Hälfte der Suppe zugedeckt abkühlen lassen. • Die andere Hälfte der Suppe vor dem Servieren mit dem Selleriesalz, dem Pfeffer und der flüssigen Suppenwürze abschmecken und mit der Petersilie bestreuen.

Richtig einfrieren:

Die abgekühlte Suppe in einen Gefrierbehälter füllen, diesen gut verschließen, beschriften und im Kühlschrank völlig erkalten lassen. Die kalte Suppe einfrieren.

Vor dem Essen:

Den gefrorenen Suppenblock in 3 Eßlöffel kochendes Wasser legen und zugedeckt bei milder Hitze auftauen und erwärmen. • Die warme Suppe ebenfalls mit Selleriesalz, weißem Pfeffer und flüssiger Suppenwürze abschmecken und vor dem Servieren mit Petersilie bestreuen.

Das paßt dazu:

Bauernbrot; als Nachtisch Obstsalat mit Sahne.

Unser Tip:
Statt der Nudeln können Sie auch Reis in der Suppe garen!

Spanische Fleischbällchen

Bild Seite 28

Zutaten für 2 Mahlzeiten:
1 große Zwiebel
1 Eßl. Öl
400 g Tatar
400 g gemischtes Hackfleisch
200 g Kalbsbratwürste
8 Eßl. Semmelbrösel
2 Eier
je 1 Prise Salz und Pfeffer
einige Tropfen Tabascosauce
$^1/_4$ l Öl

Zum Abrunden:
1 Beutel Tomatensauce
$^1/_8$ l Weißwein
1 Prise getrockneter Majoran

Zubereitungszeit:
45 Minuten

Lagerdauer:
4 Wochen

So wird's gemacht:

Die Zwiebel schälen, würfeln und in dem Öl in einer kleinen Pfanne goldbraun braten. • Das Tatar, das Hackfleisch und das Innere der Kalbsbratwürste mit den gebratenen Zwiebelwürfeln, dem Öl, den Semmelbröseln, den Eiern, dem Salz, dem Pfeffer und einigen Tropfen Tabascosauce zu einem geschmeidigen Teig verkneten. Sollte der Teig zu fest sein, eventuell noch ein Eiweiß zugeben. • Das Öl in einer tiefen Pfanne erhitzen. • Aus dem Fleischteig mit nassen Händen etwa walnußgroße Bällchen formen und die Hälfte davon nacheinander im heißen Fett unter ständigem Umwenden nur hellgelb braten. Die gebratenen Fleischbällchen auf eine Platte zum Abkühlen legen. Die zweite Hälfte der Fleischbällchen im heißen Öl goldbraun braten und danach warm stellen. • Die Tomatensauce aus dem Beutel nach Vorschrift mit dem Weißwein zubereiten und mit dem Majoran abschmecken. • Die Tomatensauce zu den Fleischbällchen reichen.

Richtig einfrieren:

Die nur hellgelb gebratenen, erkalteten Fleischbällchen vorgefrieren (siehe Seite 8). • Die hartgefrorenen Bällchen gut verpacken, beschriften und einfrieren.

Vor dem Essen:

Die gefrorenen Fleischbällchen in mäßig heißes Öl geben und unter ständigem Umwenden auftauen lassen und goldbraun braten. • Die Fleischbällchen wiederum mit einer Tomatensauce reichen.

Das paßt dazu:

Körnig gekochter Reis oder Kartoffelpüree und ein grüner Salat.

Unser Tip:

Sie können die Fleischbällchen auch roh einfrieren, vor dem Essen über Nacht im Kühlschrank auftauen lassen oder auch noch hartgefroren wie frisch braten.

Kleine Kohlrouladen

Zutaten für 2 Mahlzeiten:
2 Brötchen
1 kg Schweinehackfleisch
je 1 Prise Salz und Pfeffer
1 Prise getrockneter Thymian
4 Eßl. Semmelbrösel
1/2 Tasse Dosenmilch
1 Kopf Weißkohl
1/2 Teel. Salz
4 Eßl. Öl
1 l heißes Wasser
7 Eßl. Instant-Bratensauce

Zum Abrunden:
1 Tasse saure Sahne
1 Eßl. Tomatenketchup

Zubereitungszeit:
40 Minuten

Garzeit:
50 Minuten

Lagerdauer:
4 Wochen

Unser Tip:
Es geht schneller, wenn Sie die Rouladen gesondert in wenig heißem Salzwasser auftauen und erwärmen und erst vor dem Servieren mit der abgerundeten Sauce übergießen.

So wird's gemacht:
Die Brötchen in etwas lauwarmem Wasser einweichen. • Das Hackfleisch mit dem Salz, dem Pfeffer, dem Thymian, den Semmelbröseln, der Dosenmilch und den ausgedrückten Brötchen zu einem geschmeidigen Teig verkneten. • Die schlechten Blätter vom Weißkohl entfernen und den Strunk kürzen. 2 l Wasser mit dem Salz zum Kochen bringen, den Kohlkopf hineinlegen und zugedeckt 20 Minuten kochen lassen. • Den Kohl etwas abkühlen lassen, in einzelne Blätter zerlegen und die groben Rippen herausschneiden. 16 mal 2–3 Kohlblätter zu einem Rechteck übereinanderlegen. • Etwa je 3 Eßlöffel von dem Hackteig auf die Kohlblätter geben, zu kleinen Rouladen aufrollen und diese mit einem Faden umwickeln. • Das Öl erhitzen und die Rouladen unter Umwenden von jeder Seite 2 Minuten anbraten. • Das Wasser zum Kochen bringen und die Instant-Bratensauce unter Rühren darin auflösen. • Die Bratensauce über die Kohlrouladen gießen und diese zugedeckt bei milder Hitze 30 Minuten in der Sauce garen. • Die Rouladen und die Sauce in je 2 Hälften teilen und davon eine Hälfte zugedeckt abkühlen lassen, dabei aber die Rouladen aus der Sauce nehmen. • Die saure Sahne und das Tomatenketchup mit der Sauce der anderen Hälfte verrühren und die Rouladen darin noch einmal gut erhitzen.

Richtig einfrieren:
Die erkalteten Rouladen im Gefriergerät vorgefrieren (siehe Seite 8). • Die Sauce in einen Behälter geben, diesen fest verschließen und beschriften. • Die hartgefrorenen Rouladen verpacken, beschriften und mit der Sauce einfrieren.

Vor dem Essen:
Den gefrorenen Saucenblock in 4 Eßlöffel kochendes Wasser legen und zugedeckt bei milder Hitze auftauen und erwärmen. • Die gefrorenen Rouladen in die erwärmte Sauce legen und darin auftauen und erhitzen. • Die Sauce zuletzt ebenfalls mit saurer Sahne und Tomatenketchup verfeinern.

Das paßt dazu:
Kartoffelpüree oder Salzkartoffeln; als Nachtisch Obstsalat.

Fleischklößchen in Meerrettichsauce

Zutaten für 2 Mahlzeiten:
3 Brötchen
1 Zwiebel
10 Eßl. Margarine
3 Eier
1/4 Teel. Salz
1 Prise Pfeffer
750 g gemischtes Hackfleisch
1 Tasse Semmelbrösel
4 gestr. Eßl. Mehl
1/2 l Fleischbrühe aus Würfel
1/2 l Milch
6–8 Eßl. geriebener Meerrettich
1/2 Teel. Zucker

Zum Abrunden:
1 Tasse Sahne
Salz nach Bedarf

Zubereitungszeit:
45 Minuten

Lagerdauer:
6 Wochen

So wird's gemacht:
Die Brötchen einige Zeit in lauwarmem Wasser einweichen und dann ausdrücken. • Die Zwiebel schälen und fein würfeln. • Die Hälfte der Margarine schmelzen lassen und mit den Eiern, den ausgedrückten Brötchen, den Zwiebelwürfeln, dem Salz, dem Pfeffer und dem Hackfleisch verkneten. So viel von den Semmelbröseln zum Hackteig geben, daß sich ein fester Teig ergibt. • Aus dem Hackteig mit nassen Händen pflaumengroße Klößchen formen und die Hälfte davon im Gefriergerät vorgefrieren (siehe Seite 8). • Die andere Hälfte der Klößchen in kochendes Salzwasser legen und bei milder Hitze 15 Minuten ziehen lassen. • Die restliche Margarine schmelzen lassen, das Mehl unter Rühren darin anbraten und nach und nach mit der Fleischbrühe aufgießen. • Die Milch mit dem Meerrettich und dem Zucker verrühren, mit der Sauce mischen, diese unter Umrühren einige Male aufkochen lassen und die Saucenmenge teilen. • Die fast garen Fleischklößchen aus dem Salzwasser heben, etwas abtropfen lassen, in die andere Hälfte der Sauce geben und weitere 5–8 Minuten in der Sauce garziehen lassen. • Die abgekühlte Sauce in einen Gefrierbehälter füllen und im Kühlschrank völlig erkalten lassen. Die restliche Sauce mit der Sahne abrunden und mit Salz abschmecken.

Richtig einfrieren:
Die hartgefrorenen Klößchen verpacken, beschriften und einfrieren. Die erkaltete Sauce in einen Behälter füllen, beschriften und ebenfalls einfrieren.

Vor dem Essen:
Die hartgefrorenen Klößchen in siedendes Salzwasser legen und bei milder Hitze 15 Minuten auftauen und erwärmen. • Die Sauce in ganz wenig kochendes Wasser geben, bei milder Hitze auftauen und erwärmen und mit dem Schneebesen gründlich durchrühren. Die Hackklößchen noch etwa 5 Minuten in der Sauce ziehen lassen und die Sauce vor dem Servieren mit der Sahne abrunden.

Das paßt dazu:
Kartoffelpüree oder Salzkartoffeln und grüner Salat.

Unser Tip:
Sie können selbstverständlich auch alle Hackklößchen garen und die Hälfte davon mit der fertigen Sauce einfrieren.

Serbische Spießchen

Bild Seite 28

Zutaten für 2 Mahlzeiten:
1 kg Rinderhackfleisch
300 g Kalbsbratwürste
4 Eier
1 große Zwiebel
2 grüne Paprikaschoten
$^1/_4$ Teel. Salz
2 Eßl. Öl

Zum Abrunden:
2 Eßl. Semmelbrösel
je 1 gute Prise Knoblauchpulver, schwarzer Pfeffer und Cayennepfeffer
1 Teel. Paprikapulver
2 Gewürzgurken
1 Eßl. Öl

Zubereitungszeit:
40 Minuten

Lagerdauer:
4 Wochen

So wird's gemacht:
Das Rinderhackfleisch mit dem Inneren der Kalbsbratwürste und den Eiern mischen. • Die Zwiebel schälen und in Ringe schneiden. • Die Paprikaschoten halbieren, von Rippen und Kernen befreien, waschen und mit den Zwiebelringen kleinhacken. • Die Zwiebel- und Paprikastückchen mit dem Salz und dem Öl unter die Hackfleischmasse mischen und alles zu einem geschmeidigen Teig verkneten. • Mit nassen Händen aus der Fleischmasse 5 cm lange dicke Würstchen formen und diese einige Minuten fest werden lassen. • Die Semmelbrösel mit dem Knoblauchpulver, dem schwarzen Pfeffer, dem Cayennepfeffer und dem Paprikapulver mischen. • Die Hälfte der Hackfleischwürstchen gründlich in den gewürzten Semmelbröseln wenden. • Die Gewürzgurke in dicke schräge Scheiben schneiden und abwechselnd mit je 1 Hackfleischwürstchen auf vier Metallspießchen verteilen. • Die Spieße mit dem restlichen Öl bepinseln und in einer Grillpfanne oder im Elektrogrill unter öfterem Wenden etwa 10 Minuten grillen.

Richtig einfrieren:
Die ungebratenen Hackfleischwürstchen im Gefriergerät vorgefrieren (siehe Seite 8). • Die hartgefrorenen Würstchen in Alufolie verpacken, beschriften und einfrieren.

Vor dem Essen:
Die gefrorenen Hackfleischwürstchen antauen lassen, bis sich ein Spießchen durchstechen läßt. • Die Hackfleischwürstchen zuerst in Eiweiß und danach wie im Rezept angegeben in gewürzten Semmelbröseln wenden, mit Gewürzgurkenstückchen auf Spießchen verteilen und grillen.

Das paßt dazu:
Beliebige fertige Würzsaucen und Weißbrot oder körnig gekochter Reis und Tomatensalat.

Unser Tip:
Wenn Sie bei der anderen Hälfte der Hackfleischwürstchen auf die Spießchen verzichten und Sie nur in der Pfanne braten, so erhalten Sie mit reichlich Zwiebelwürfeln als Beilage ein Cevapcici-Gericht.

Toskanischer Hackbraten

Kalte gefüllte Roastbeefscheiben wirken ebenso festlich wie der klassische Braten (Rezept Seite 42). ▷

Zutaten für 2 Mahlzeiten:
2 Brötchen
2 Möhren
1 Bund Petersilie
5 Wacholderbeeren
200 g gekochter Schinken
1 kg Rinderhackfleisch
$^1/_2$ Tasse Milch
2 Eier
$^1/_4$ Teel. Salz
1 gute Prise Pfeffer
1 Eßl. Öl

Zum Abrunden:
1 Päckchen Bratensauce
$^1/_2$ Tasse herber Weißwein

Zubereitungszeit:
30 Minuten

Garzeit:
1 Stunde und 30 Minuten

Lagerdauer:
4 Wochen

So wird's gemacht:

Die Brötchen in lauwarmem Wasser einweichen und nach einiger Zeit wieder ausdrücken. • Die Möhren putzen, waschen und grob würfeln. • Die Petersilie waschen und abtropfen lassen. • Den Backofen auf 180° vorheizen. • Die Möhrenwürfel, die Petersilie, die Wacholderbeeren und den Schinken fein hacken und mit dem Hackfleisch, den ausgedrückten Brötchen, der Milch, den Eiern, dem Salz und dem Pfeffer mischen. • Eine große oder zwei kleine Kastenformen (eine davon möglichst aus Aluminium verwenden, dann kann der Braten in dieser Form eingefroren werden) mit dem Öl ausstreichen und den Fleischteig einfüllen. • Die Formen mit doppelter Alufolie bedecken und die Folie gut an den Rändern festdrücken. • Den Braten im Backofen 1 Stunde und 30 Minuten garen. • Die Bratensauce nach Vorschrift auf dem Päckchen bereiten und mit dem Weißwein verfeinern. • Den Hackbraten aus der Form stürzen und halbieren – oder nur eine Form stürzen, den einen Hackbraten abkühlen lassen und den anderen in Scheiben schneiden und mit der Sauce servieren.

Richtig einfrieren:

Den abgekühlten Hackbraten verpacken, beschriften und im Kühlschrank zugedeckt völlig erkalten lassen. • Den Hackbraten einfrieren.

Vor dem Essen:

Den Hackbraten bei 220° 30 Minuten im Backofen auftauen und erwärmen. • Die zweite Portion des Hackbratens ebenfalls mit der mit Weißwein verfeinerten Bratensauce servieren.

Das paßt dazu:

Ein mit Früchten gemischter und mit French Dressing (fertige Würzsauce) angemachter Chicoréesalat oder ein Reissalat und Brot.

Unser Tip:

Sie können den Hackbraten auch im Kühlschrank über Nacht auftauen lassen, in Scheiben schneiden und eine kalte Platte damit bereichern.

Roastbeef

◁ Königsberger Klopse
(Seite 30)
Spießchen (Seite 25)
Fleischküchlein
(auf dieser Seite)
Fleischbällchen (Seite 22)

Veroneser Fleischküchlein

Bild nebenstehend

Zutaten für 2 Mahlzeiten:
2 Brötchen
2 Zwiebeln
1 kg gemischtes Hackfleisch
2 Eier
$^1/_2$ Teel. Salz
1 Eßl. Chilisauce
6 Eßl. Öl

Zum Abrunden:
2 hartgekochte Eier
2 Tomaten
2 Scheiben Käse
12 rotgefüllte grüne Oliven
$^1/_4$ Teel. Paprikapulver

Zubereitungszeit:
30 Minuten

Backzeit:
10 Minuten

Lagerdauer:
4 Wochen

So wird's gemacht:

Die Brötchen in lauwarmem Wasser einweichen. • Die Zwiebeln schälen und in kleine Würfel schneiden. • Das Hackfleisch mit den Eiern, den ausgedrückten Brötchen, den Zwiebelwürfeln, dem Salz und der Chilisauce zu einem geschmeidigen Teig verkneten. • Aus der Hackfleischmasse flache Küchlein von etwa 8 cm Durchmesser formen. • Das Öl erhitzen und die Fleischküchlein darin von beiden Seiten knusprig braun braten. • Die Hälfte der Fleischküchlein abkühlen lassen. • Den Backofen auf 220° vorheizen. • Die Eier schälen und in Scheiben schneiden. Die Tomaten waschen, abtrocknen und in Scheiben schneiden. Den Käse in Streifen schneiden. Die Oliven in Scheibchen schneiden. • Auf jedes Fleichküchlein 2 Eischeiben, 2 Tomatenscheiben, einige Olivenscheiben und die Käsestreifen legen. • Die Fleischküchlein im vorgeheizten Backofen so lange überbacken, bis der Käse zu schmelzen beginnt. Vor dem Servieren mit dem Paprikapulver bestreuen.

Richtig einfrieren:

Die erkalteten Fleischküchlein auf eine Platte legen und im Gefriergerät vorgefrieren (siehe Seite 8). Die hartgefrorenen Fleischküchlein verpacken, beschriften und einfrieren.

Vor dem Essen:

Die gefrorenen Fleischküchlein auf ein Backblech legen und im vorgeheizten Backofen bei 150° etwa 20 Minuten auftauen und erwärmen. • Die Fleischküchlein ebenfalls wie die der ersten Hälfte belegen und bei 220° so lange überbacken, bis der Käse zu schmelzen beginnt.

Das paßt dazu:

Weißbrot und grüner Salat.

Unser Tip:

Die Fleischküchlein können auch roh eingefroren und erst vor dem Essen noch gefroren in heißem Öl aufgetaut und gebraten werden.

Königsberger Klopse

Bild Seite 28

Zutaten für 2 Mahlzeiten:
2 Zwiebeln
2 Brötchen
1 kg Hackfleisch
je 1 Prise Salz und Pfeffer
2 Teel. Sardellenpaste
4 Eier
$1^1/_2$ l Instant-Fleischbrühe
4 Eßl. Margarine
4 gestr. Eßl. Mehl
8 Eßl. Dosenmilch
2 Röhrchen Kapern
Saft und abgeriebene Schale von $^1/_2$ Zitrone
1 gestr. Teel. Zucker

Zubereitungszeit:
50 Minuten

Lagerdauer:
4 Wochen

So wird's gemacht:

Die Zwiebeln schälen und kleinwürfeln. Die Brötchen in lauwarmem Wasser einweichen. • Das Hackfleisch mit dem Salz, dem Pfeffer, der Sardellenpaste, den Eiern, den Zwiebelwürfeln und den ausgedrückten und zerzupften Brötchen zu einem geschmeidigen Teig verkneten. • Die Fleischbrühe zum Kochen bringen. Vom Fleischteig 24 Klößchen formen, in die kochende Fleischbrühe legen und 10 Minuten siedend garen. • Die Klößchen mit einem Schaumlöffel aus der Fleischbrühe heben. Die Hälfte der Klopse erkalten lassen, die andere Hälfte warm halten. • Die Margarine schmelzen lassen, das Mehl einstäuben, unter ständigem Rühren anbräunen und nach und nach mit der Fleischbrühe aufgießen. Die Sauce einige Male aufwallen lassen. Die Sauce mit der Dosenmilch, den Kapern, dem Saft und der Schale der Zitrone und dem Zucker verrühren und ebenfalls in zwei Hälften teilen. • Die noch warmen Klopse in die eine Hälfte der Sauce legen und in ihr – ohne sie noch kochen zu lassen – gut erhitzen.

Richtig einfrieren:

Die kalten Klopse auf eine Platte legen und im Gefriergerät vorgefrieren lassen (siehe Seite 8). • Die abgekühlte Sauce in einen Gefrierbehälter füllen, diesen gut verschließen, beschriften und im Kühlschrank völlig erkalten lassen. • Die hartgefrorenen Klopse in einen Gefrierbeutel füllen, gut verschließen, beschriften und Klopse und Sauce einfrieren.

Vor dem Essen:

Den hartgefrorenen Saucenblock in 3 Eßlöffel kochendes Wasser legen, zugedeckt bei milder Hitze auftauen, erwärmen und zuletzt gründlich mit dem Schneebesen verquirlen. • Die gefrorenen Klößchen in kochendes Salzwasser geben und im siedenden Wasser auftauen und erhitzen.

Das paßt dazu:

Salzkartoffeln und ein beliebiger Salat.

Unser Tip:

Das Gericht ist nur mild gewürzt! Beide Portionen deshalb vor dem Servieren noch einmal kräftig abschmecken.

Hackfleischauflauf

Zutaten für 2 Mahlzeiten:
3 Brötchen
2 Zwiebeln
1 kg gemischtes Hackfleisch
4 Eier
1/2 Tasse Petersilie
1/2 Teel. Salz
1/4 Teel. Pfeffer
1 Eßl. geriebener Meerrettich
6 Tassen gekochter Reis
2 Messerspitzen Ingwer
2 Tassen Semmelbrösel
6 Eßl. geriebener Käse
4 Eßl. Butterflöckchen

Zum Abrunden:
1 Päckchen Tomatensauce
4 Eßl. Sahne
1 Prise Knoblauchpulver
1/2 Tasse Schnittlauch

Zubereitungszeit:
40 Minuten

Garzeit:
40 Minuten

Lagerdauer:
6 Wochen

Unser Tip:

Wenn Sie den einen Auflauf gleich in einer Aluminiumform backen und einfrieren, kann der Auflauf darin auch wieder aufgetaut und erhitzt werden.

So wird's gemacht:

Die Brötchen in lauwarmem Wasser einweichen und nach einiger Zeit wieder ausdrücken. • Die Zwiebeln schälen und kleinwürfeln. • Den Backofen auf 200° vorheizen. • Das Hackfleisch mit den ausgedrückten Brötchen, den Zwiebelwürfeln, den Eiern, der Petersilie, dem Salz, dem Pfeffer und dem Meerrettich verkneten. • Den Reis mit dem Ingwerpulver mischen. • Zwei ausgefettete Auflaufformen jeweils mit einer Lage Reis ausstreichen, darauf eine Lage Hackfleisch geben, wiederum eine Lage Reis darauf verteilen und mit Hackfleisch abschließen. • Die Semmelbrösel mit dem geriebenen Käse mischen und über die beiden Aufläufe streuen. • Die Butterflöckchen auf der Oberfläche der Aufläufe verteilen und diese im vorgeheizten Backofen 40 Minuten backen. • Einen Auflauf bereits nach 30 Minuten Backzeit aus dem Backofen nehmen und abkühlen lassen. • Die Tomatensauce nach Vorschrift auf dem Päckchen bereiten und mit der Sahne, dem Knoblauchpulver und dem Schnittlauch verfeinern. • Die Tomatensauce zum Auflauf reichen.

Richtig einfrieren:

Den erkalteten Auflauf in der Form vorgefrieren lassen (siehe Seite 8). • Den hartgefrorenen Auflauf aus der Form stürzen, in Alufolie verpacken, beschriften und einfrieren.

Vor dem Essen:

Den gefrorenen Auflauf in eine ausgefettete Auflaufform geben und im vorgeheizten Backofen bei 200° etwa 25 Minuten auftauen und erhitzen. • Den Auflauf wiederum mit einer Tomatensauce servieren.

Das paßt dazu:

Beliebiger grüner Salat, möglichst pikant abgeschmeckt.

Schweinerollbraten

Bilder 3. und hintere Umschlagseite

Zutaten für 2 Mahlzeiten:
1,2 kg Schweineschulter
je 1 Prise Salz und Pfeffer
2 Eßl. kleingeschnittene Petersilie
1 Eßl. Öl
1 Möhre
1 Zwiebel
1/4 Sellerieknolle

Zubereitungszeit:
30 Minuten

Garzeit:
1 Stunde und 30 Minuten

Lagerdauer:
5 Monate

So wird's gemacht:

Die Schweineschulter gleich beim Einkaufen zum Rollen zurechtschneiden lassen. • Den Backofen auf 220° vorheizen. • Das Fleisch kalt abbrausen, gut trockentupfen und die Innenseite mit dem Salz und dem Pfeffer einreiben. Die Petersilie darüberstreuen, den Braten aufrollen (siehe Foto 1 auf Umschlagrückseite) und mit Küchengarn festbinden (siehe Foto 2). • Das Öl in einer genügend großen Kasserolle oder in der Bratpfanne des Backofens erhitzen und den Braten von allen Seiten etwa 10 Minuten anbraten. (s. Foto 3) • Den Braten auf die mittlere Schiebeleiste des Backofens geben und braten. • Die Möhre schaben, waschen und in Stifte schneiden. Die Zwiebel schälen und vierteln. Die Sellerieknolle unter fließendem Wasser bürsten, schälen und ebenfalls in Stifte schneiden. • Nach 50 Minuten Bratzeit das Gemüse um den Braten legen und den Braten mit etwa 2 Tassen kochendheißem Wasser umgießen. Den Braten während der restlichen Bratzeit wiederholt mit dem Bratensaft beschöpfen (siehe Foto 4). • Den Braten nach Ende der Bratzeit auf eine vorgewärmte Platte legen und 10 Minuten im abgeschalteten Backofen ruhen lassen. • Die Bratenflüssigkeit durch ein Sieb gießen und eine Hälfte davon abkühlen lassen. Die zweite Hälfte der Sauce mit etwas heißem Wasser und nach Belieben mit Sahne abrunden. Die Sauce noch mit Salz und Pfeffer würzen. • Die Hälfte des Bratens in Scheiben schneiden und servieren, die andere Hälfte abkühlen lassen.

Richtig einfrieren:

Die Sauce in einen Gefrierbehälter füllen, gut verschließen und beschriften. Den Braten in Alufolie einpacken, gut verschließen und beschriften. Braten und Sauce im Kühlschrank völlig erkalten lassen und dann einfrieren.

Vor dem Essen:

Den Braten im Backofen bei 200° etwa 50 Minuten auftauen und erhitzen; nach 20 Minuten mit etwa 1 Tasse heißem Wasser umgießen und wiederholt beschöpfen. • Die Sauce in 2 Eßlöffel kochendes Wasser geben und bei milder Hitze zugedeckt erhitzen. • Die Sauce vor dem Servieren mit Salz und Pfeffer abschmecken.

Unser Tip:

Ein ungefüllter Schweinebraten wird wie der Schweinerollbraten bereitet. Man reibt dann aber auch die Außenflächen mit den Gewürzen ein (siehe vordere Umschlagseite).

Kalbszunge in Kapernsauce

Zutaten für 2 Mahlzeiten:
1 l Wasser
1 kg Kalbszunge
1 Zwiebel
4 Gewürznelken
1 Lorbeerblatt
1/4 Teel. Salz
1 gute Prise Pfeffer

Zum Abrunden:
1 gestr. Eßl. Mehl
4 Eßl. Sahne
1 Eigelb
1 Röhrchen kleine Kapern
1 Eßl. Butter
1 Prise Zucker
einige Tropfen Zitronensaft

Zubereitungszeit:
20 Minuten

Garzeit:
1 Stunde und 30 Minuten

Lagerdauer:
4 Monate

So wird's gemacht:

Das Wasser zum Kochen bringen. • Die Kalbszungen kurz kalt abbrausen. • Die Zwiebel schälen, in Achtel schneiden und mit den Nelken, dem Lorbeerblatt, dem Salz und dem Pfeffer in das kochende Wasser geben. • Die Kalbszungen ebenfalls in das kochende Wasser legen und bei milder Hitze 1 Stunde und 30 Minuten garen. • Die Zungen aus dem Sud nehmen, den Sud durchsieben und in zwei Hälften teilen. • Die Außenhaut der Zungen abziehen, alle Sehnen und Knorpel entfernen und die Zungen in gleichdicke Scheiben schneiden. Eine Hälfte der Zungenscheiben warm stellen, die andere abkühlen lassen. • Das Mehl mit der Sahne und dem Eigelb verquirlen und ein wenig von der einen Hälfte der heißen Brühe in das Eigelb-Sahne-Gemisch geben. Dieses in den heißen Sud rühren und unter Rühren mehrmals aufkochen lassen. • Die Kapern und die noch warmen Zungenscheiben in die Sauce legen, die Butter darin schmelzen lassen und die Sauce mit dem Zucker und dem Zitronensaft abschmecken. • Die Sauce mit den Zungenscheiben noch einmal gut erhitzen, aber nicht mehr kochen lassen.

Richtig einfrieren:

Die andere Hälfte der Zungenscheiben in einen Gefrierbehälter geben, mit der zweiten Hälfte des Sudes übergießen, den Behälter gut verschließen, beschriften und im Kühlschrank völlig erkalten lassen. • Die kalte Zunge einfrieren.

Vor dem Essen:

Die Zunge über Nacht im Kühlschrank auftauen lassen, den Sud erhitzen und wie die erste Portion mit Mehl, Sahne, Eigelb, Kapern, Butter, Zucker und Zitronensaft abrunden, die Zungenscheiben in die Sauce legen und darin erwärmen, ohne die Sauce kochen zu lassen.

Das paßt dazu:

Kartoffelpüree, Salzkartoffeln oder körnig gekochter Reis und Tomaten- oder Gurkensalat.

Unser Tip:

Zunge und Brühe können auch getrennt eingefroren werden. Sie sparen Platz, wenn Sie die Brühe noch etwas einkochen lassen und möglichst nur den Extrakt einfrieren.

Rinderrouladen

Zutaten für 2 Mahlzeiten:
8 Rinderrouladen
1 Zwiebel
2 Gewürzgurken
100 g gekochter Schinken
$^{1}/_{4}$ Teel. Salz
2 Teel. Senf
8 Eßl. Petersilie
etwa 2 Eßl. Mehl
6 Eßl. Öl
$^{3}/_{4}$ l heiße Fleischbrühe

Zum Abrunden:
1 Prise Pfeffer
1 Tasse saure Sahne

Zubereitungszeit:
40 Minuten

Garzeit:
1 Stunde und 30 Minuten

Lagerdauer:
6 Wochen

So wird's gemacht:
Die Rouladen kurz abwaschen und gut trockentupfen. • Die Zwiebel schälen und in Ringe schneiden. Die Gewürzgurken in feine Streifen schneiden. Den Schinken ebenfalls in Streifen schneiden. • Die Rouladen mit dem Salz bestreuen und mit dem Senf bestreichen. • Die Zwiebelringe, die Gurken- und die Schinkenstreifen auf den Rouladen verteilen, die Petersilie darüberstreuen, die Rouladen aufrollen und mit Holzspießchen zustecken. • Die Rouladen gründlich in dem Mehl wenden. • Das Öl in einem genügend großen Topf erhitzen und die Rouladen von allen Seiten scharf darin anbraten. Die heiße Fleischbrühe zugießen und die Rouladen 1 Stunde und 10 Minuten zugedeckt bei milder Hitze schmoren lassen. • Die Hälfte der Rouladen und der Sauce abnehmen und abkühlen lassen. • Die restlichen Rouladen weitere 20 Minuten schmoren und die Sauce nach Belieben vor dem Servieren mit ganz wenig Mehl andicken. • Die Sauce vor dem Servieren mit dem Pfeffer und der sauren Sahne abrunden.

Richtig einfrieren:
Die Rouladen mit der Sauce in eine Gefrierdose füllen, diese gut verschließen, beschriften und alles im Kühlschrank erkalten lassen. • Die kalten Rouladen einfrieren.

Vor dem Essen:
Die gefrorenen Rouladen mit der Sauce in 3 Eßlöffel kochendes Wasser legen und zugedeckt bei milder Hitze auftauen und erhitzen. • Die Sauce vor dem Servieren ebenfalls mit Pfeffer und saurer Sahne abschmecken.

Das paßt dazu:
Kartoffelpüree oder Salzkartoffeln und ein beliebiger Salat oder Rotkohl mit Äpfeln.

Unser Tip:
Platzsparender ist es, wenn Sie Sauce und Rouladen getrennt einfrieren; die Rouladen dann aber vorgefrieren!

Gefüllte Kalbsbrust

Bild Seite 38

Zutaten für 2 Mahlzeiten:
1 Zwiebel
4 Eßl. Öl
$^1/_2$ Tasse Reis
$^3/_4$ l Instant-Fleischbrühe
1 Tasse Champignons aus der Dose
200 g gemischtes Hackfleisch
$^1/_4$ Teel. Salz
1 Prise Pfeffer
1 Ei
1 kg Kalbsbrust

Zubereitungszeit:
40 Minuten

Garzeit:
1 Stunde und 30 Minuten

Lagerdauer:
6 Wochen

So wird's gemacht:

Die Zwiebel schälen und in Würfelchen schneiden. • Das Öl erhitzen, die Zwiebelwürfel unter Rühren darin anbraten, den Reis zugeben und ebenfalls einige Minuten darin anbraten. Mit $^1/_2$ l der Fleischbrühe auffüllen und den Reis bei milder Hitze 20 Minuten quellen lassen. • Die Champignons kleinschneiden. • Das Hackfleisch mit den Champignonstückchen, dem Salz, dem Pfeffer, dem Ei und dem gegarten Reis zu einer geschmeidigen Masse verkneten. • Die Fleischschicht der Kalbsbrust zwischen den Rippenknochen trennen, so daß eine tiefe Tasche entsteht. • Den Backofen auf 220° vorheizen. • Die Füllung in die Fleischtasche der Kalbsbrust geben und mit Küchengarn gut zunähen. • Die Kalbsbrust in die Bratenpfanne des Backofens legen und 10 Minuten braten. • Nach 10 Minuten die restliche heiße Fleischbrühe um die Kalbsbrust gießen und die Temperatur auf 190° zurückschalten. Während der restlichen Garzeit die Kalbsbrust wiederholt mit der Bratflüssigkeit beschöpfen. • Die Kalbsbrust nach Ende der Garzeit noch 10 Minuten im abgeschalteten Backofen ruhen lassen, dann teilen, eine Hälfte abkühlen lassen, die andere Hälfte in Scheiben schneiden und servieren.

Richtig einfrieren:

Die abgekühlte Kalbsbrust in Alufolie verpacken, beschriften und im Kühlschrank restlos erkalten lassen. • Die Kalbsbrust einfrieren.

Vor dem Essen:

Die Kalbsbrust über Nach im Kühlschrank auftauen lassen und vor dem Essen bei 200° 30 Minuten erhitzen. • Nach 10 Minuten Bratzeit die Kalbsbrust ebenfalls mit $^1/_8$ l heißer Fleischbrühe umgießen.

Das paßt dazu:

Kartoffelkroketten oder Pommes parisienne aus der Tiefkühltruhe und ein festlicher Salat; oder in Butter geschwenktes zartes Gemüse.

Unser Tip:

Sie können die Kalbsbrust auch in Scheiben geschnitten vorgefrieren und einfrieren. Die einzelnen Scheiben tauen dann rasch in einer feinen weißen Sauce (Fertigprodukt) auf. Die Sauce vor dem Servieren mit Weißwein und Sahne abrunden.

Kasseler Rippenspeer

Bild Seite 38

Kalbsnierenbraten (Rezept Seite 41) eignet sich gut für ein Sonntagsessen mit Gästen. ▷

Zutaten für 2 Mahlzeiten:
1 Möhre
1 Zwiebel
1 1/2 kg Kasseler Rippenspeer
4 Tassen heißes Wasser
1/2 Lorbeerblatt
2 Pfefferkörner

Zum Abrunden:
1 gestr. Teel. Speisestärke
1 Tasse Rotwein
1/2 Tasse saure Sahne
je 1 Prise Salz und Pfeffer

Zubereitungszeit:
25 Minuten

Garzeit:
1 Stunde und 20 Minuten

Lagerdauer:
3 Monate

So wird's gemacht:

Den Backofen auf 220° vorheizen. • Die Möhre schaben, waschen und vierteln. • Die Zwiebel schälen und vierteln. • Das Fleisch kurz kalt abbrausen, gut trockentupfen und mit der Fettseite nach unten in die Bratpfanne des Backofens legen. Die Möhrenstücke und die Zwiebelviertel zum Fleisch geben, das heiße Wasser darübergießen, das Lorbeerblatt und die Pfefferkörner zufügen und das Fleisch 30 Minuten braten. • Die Hitze nach 30 Minuten auf 180° zurückschalten und das Kasseler auf die andere Seite drehen. Das Fleisch weitere 30 Minuten braten. • Das Kasseler auf eine vorgewärmte Platte legen und im abgeschalteten Backofen 10 Minuten warm stellen. Den Bratensatz mit etwas heißem Wasser aus der Bratenpfanne lösen, durch ein Sieb in einen kleineren Topf gießen, mit der kalt angerührten Speisestärke binden und unter Rühren aufkochen lassen. • Den Rotwein zur Sauce geben, gut erhitzen, aber nicht mehr kochen lassen. Die Sauce zuletzt mit der sauren Sahne, dem Salz und dem Pfeffer abrunden und gesondert zum Kasseler servieren. • Die Hälfte des Kasselers in Scheiben schneiden und servieren, die andere Hälfte abkühlen lassen.

Richtig einfrieren:

Das abgekühlte Kasseler gut in Alufolie einpacken, beschriften und im Kühlschrank völlig erkalten lassen. • Das Kasseler dann einfrieren.

Vor dem Essen:

Das gefrorene Kasseler über Nacht im Kühlschrank auftauen lassen. • Das Kasseler bei 190° im vorgewärmten Backofen etwa 35 Minuten erhitzen. Nach 15 Minuten Bratzeit etwa 1/8 l heiße Fleischbrühe um das Kasseler gießen, den Bratensatz zuletzt mit Speisestärke binden und mit Rotwein, Sahne, Salz und Pfeffer abrunden.

Das paßt dazu:

Sauerkraut mit Ananasstücken oder ein pikanter Fruchtsalat mit Ananas und Kartoffelkroketten.

Unser Tip:

Das aufgetaute Kasseler schmeckt ebensogut kalt zu Kartoffelsalat. Es kann auch in Scheiben geschnitten vorgefroren und eingefroren werden. Die Scheiben dann gefroren in der Sauce erwärmen oder kalt servieren.

GRAND VIN SEC

◁ Kalbsbrust (Seite 35)
Kasseler Rippenspeer (Seite 36)
Hasenrücken (Seite 40)
Lammkeule (auf dieser Seite)

Lammkeule mit weißen Bohnen

Bild nebenstehend

Zutaten für 2 Mahlzeiten:
2 kg Lammkeule
4 Eßl. Öl
$^1/_2$ Teel. Salz
1 Prise weißer Pfeffer
1 Prise Zucker
1 Prise getrockneter Rosmarin
$^1/_4$ l heiße Fleischbrühe

Zum Abrunden:
1 Zwiebel
50 g Speck
1 große Dose weiße Bohnen
je 1 Prise Salz und Knoblauchpulver

Marinierzeit:
50 Minuten

Zubereitungszeit:
25 Minuten

Garzeit:
1 Stunde und 10 Minuten

Lagerdauer:
5 Monate

Unser Tip:
Sie können die übrige Lammkeule auch ganz einfrieren; dann muß aber der Knochen gut gesondert mit Alufolie umwickelt werden, damit er andere Packungen nicht verletzen kann.

So wird's gemacht:
Die Lammkeule kurz kalt abbrausen und gut trockentupfen. • Das Öl mit dem Salz, dem Pfeffer, dem Zucker und dem Rosmarin gründlich verrühren, die Lammkeule damit einreiben und 50 Minuten liegen lassen. • Den Backofen auf 240° vorheizen. • Die Lammkeule auf dem Bratrost über die Bratpfanne in den Backofen schieben und 15 Minuten braten. • Danach den Backofen auf 200° zurückschalten und die heiße Fleischbrühe um die Lammkeule gießen. • Die Lammkeule weitere 45 Minuten braten und während dieser Zeit hin und wieder mit der heißen Fleischbrühe beschöpfen. • Die Zwiebel schälen und würfeln. Den Speck ebenfalls würfeln und in einem Topf auslassen. • Die Zwiebelwürfel unter Rühren im Speckfett anbraten, die weißen Bohnen aus der Dose zugeben, mit dem Salz und dem Knoblauchpulver mischen und unter Rühren etwa 5 Minuten erhitzen. • Die Lammkeule vom Rost nehmen, die weißen Bohnen in die Bratenpfanne schütten, mit dem vorhandenen Bratensaft mischen, die Lammkeule auf die weißen Bohnen legen und weitere 10 Minuten auf den Bohnenkernen braten. • Die Lammkeule tranchieren, eine Hälfte mit den Bohnenkernen servieren und die andere Hälfte abkühlen lassen.

Richtig einfrieren:
Die restliche bereits tranchierte Lammkeule restlos vom Knochen lösen und im Kühlschrank erkalten lassen. • Zwischen jede der Lammfleischscheiben Klarsichtfolie legen, die Scheiben gut verpacken, beschriften und einfrieren.

Vor dem Essen:
Die weißen Bohnen wie im Rezept beschrieben vorbereiten, in eine feuerfeste Form geben, die gefrorenen Scheiben Lammfleisch mit dünnen Speckscheiben belegen, auf die weißen Bohnen geben und im vorgeheizten Backofen bei 180° ungefähr 20 Minuten auftauen und erwärmen.

Das paßt dazu:
Beliebiges Brot oder Kartoffelchips.

Gespickter Hasenrücken

Bild Seite 38

Zutaten für 2 Mahlzeiten:
2 gespickte Hasenrücken
$^1/_2$ Teel. Salz
$^1/_2$ Teel. edelsüßes Paprikapulver
6 Eßl. Öl
3 Zwiebeln

Zum Abrunden:
1 Tasse Sahne
1 Prise Zucker
2 Eßl. Tomatenmark
3 Eßl. Johannisbeergelee
$^1/_4$ l Instant-Fleischbrühe

Zubereitungszeit:
30 Minuten

Garzeit:
40 Minuten

Lagerdauer:
4 Wochen

So wird's gemacht:
Die Hasenrücken am besten bereits gespickt kaufen, sonst aber mit einer Spicknadel und etwa 1 cm dicken und 4 cm langen Speckstreifen spicken. (Die Speckstreifen zuvor hartfrieren, dann verarbeiten sie sich leichter). • Das Salz und das Paprikapulver mit dem Öl verrühren und die Hasenrücken von allen Seiten damit bepinseln. • Den Backofen auf 180° vorheizen. • Die Zwiebeln schälen und in Viertel schneiden. • Die Zwiebelviertel in die Bratenpfanne legen, die Hasenrücken daraufgeben und 40 Minuten braten. • Einen der beiden Hasenrücken bereits nach 30 Minuten aus dem Herd nehmen und abkühlen lassen. Den zweiten Hasenrücken erst nach 40 Minuten aus dem Backofen nehmen und warm stellen. • Die Zwiebelviertel kleinhacken und mit dem eventuell entstandenen Bratensaft aus der Bratenpfanne in eine kleinere Kasserolle geben, mit der Sahne, dem Zucker, dem Tomatenmark, dem Johannisbeergelee und der Fleischbrühe verrühren und unter Rühren bei sehr milder Hitze zugedeckt 10 bis 15 Minuten kochen lassen. • Die Sauce zum Teil über den noch heißen Hasenrücken gießen, die restliche Sauce gesondert servieren.

Richtig einfrieren:
Den abgekühlten Hasenrücken gut in Alufolie einpacken, beschriften und im Kühlschrank völlig erkalten lassen, dann einfrieren.

Vor dem Essen:
Den Hasenrücken entweder über Nacht im Kühlschrank auftauen lassen und 15 Minuten bei 200° gut erhitzen. Oder den gefrorenen Hasenrücken 1 $^1/_2$ Stunden im Backofen bei 50° auftauen; in beiden Fällen während des Erwärmens den Hasenrücken mit dünnen Speckscheiben umwickeln und diese erst 15 Minuten vor dem Servieren entfernen. • Für den zweiten Hasenrücken die Sauce aus einem Päckchen Rahmbratensauce wie im Rezept oben beschrieben bereiten.

Das paßt dazu:
Rotkohl mit Apfelstücken oder Rosenkohl in Butter geschwenkt und Kartoffelkroketten.

Unser Tip:
Sollten Sie den Hasenrücken nicht bereits gespickt kaufen, so raten wir Ihnen, den Hasenrücken roh einzufrieren, vor dem Essen über Nacht im Kühlschrank aufzutauen und erst vor dem Braten zu spicken.

Kalbsnierenbraten

Bild Seite 37

Zutaten für 2 Mahlzeiten:
1 Kalbsnierenbratenstück von 2 kg
je 1 Prise Salz und Pfeffer
100 g Butter
$^1/_2$ l heiße Fleischbrühe

Zum Abrunden:
1 gute Prise getrocknetes Basilikum
1 gestr. Teel. Speisestärke
3 Eßl. Weißwein
einige Tropfen Zitronensaft

Zubereitungszeit:
20 Minuten

Garzeit:
2 Stunden und 30 Minuten

Lagerdauer:
6 Monate

So wird's gemacht:

Den Braten bereits beim Kaufen vom Metzger aus Bauchfleisch und einem Stück Kamm um die Nieren rollen lassen. • Den Backofen auf 220° vorheizen. • Den Braten gegebenenfalls mit Küchengarn umbinden und mit dem Salz und dem Pfeffer einreiben. • Die Butter erhitzen, den Braten in eine Bratenpfanne legen, mit der heißen Butter übergießen und im Backofen anbraten, bis sich Bratensaft gebildet hat. Einen Teil der heißen Fleischbrühe um den Braten gießen. • Nach 1 Stunde Bratzeit die Temperatur auf 180° zurückschalten, die restliche heiße Fleischbrühe um den Braten gießen und diesen während der restlichen Bratzeit wiederholt damit beschöpfen. • Die Temperatur während der letzten Bratstunde auf 170° zurückschalten. • Den Braten auf eine Platte legen und warm stellen. Die Bratflüssigkeit teilen und eine Hälfte abkühlen lassen. • Die restliche Bratflüssigkeit mit dem Basilikum verrühren. Die Speisestärke mit dem Weißwein und dem Zitronensaft anrühren, unter die Sauce mischen und einmal aufkochen lassen. • Die Hälfte des Bratens in Scheiben schneiden und mit der Bratensauce servieren.

Richtig einfrieren:

Den Braten in Alufolie verpacken und beschriften. Die Sauce in einen Gefrierbehälter füllen, gut verschließen, beschriften und beides im Kühlschrank völlig erkalten lassen. • Den kalten Braten und die kalte Sauce einfrieren.

Vor dem Essen:

Den Braten im Backofen bei 50° etwa 1 $^1/_2$ Stunden auftauen lassen. Die Temperatur danach auf 220° stellen, den Braten mit etwas Butter bestreichen und 15 Minuten erhitzen. • Den gefrorenen Saucenblock in wenig heißer Fleischbrühe zugedeckt auftauen und erwärmen, vor dem Servieren ebenfalls mit Basilikum abschmecken und mit in Weißwein und Zitronensaft angerührter Speisestärke binden.

Das paßt dazu:

Petersilienkartoffeln oder Pommes parisienne aus der Tiefkühltruhe und ein Salat oder zartes, in Butter geschwenktes Gemüse.

Unser Tip:

Wird der Braten in Scheiben geschnitten eingefroren, können die Scheiben vor dem Essen in der Sauce erwärmt werden, was wesentlich rascher geht.

Klassisches Roastbeef

Bild Seite 27

Zutaten für 2 Mahlzeiten:
1 Zwiebel
1 Möhre
$^1/_4$ Sellerieknolle
1 $^1/_2$ kg Roastbeef
je 1 Prise Salz und Pfeffer
4 Eßl. Butter
$^1/_4$ l heißes Wasser

Zum Abrunden:
1 gestr. Teel. Speisestärke
3 Eßl. saure Sahne
je 1 Prise Salz und Pfeffer

Zubereitungszeit:
20 Minuten

Garzeit:
30 Minuten

Lagerdauer:
8 Monate

Unser Tip:

Das noch gefrorene Roastbeef können Sie vor dem Essen auch im kalt ausgespülten, geschlossenen Tontopf bei 200° in etwa 45 Minuten auftauen und erhitzen.

So wird's gemacht:

Den Backofen auf 230° vorheizen. • Die Zwiebel schälen und in Achtel schneiden. Die Möhre schaben, waschen und in Stifte schneiden. Die Sellerieknolle gründlich waschen, schälen und in Stücke schneiden. • Das Roastbeef kurz kalt abbrausen, gut trockentupfen und mit dem Salz und dem Pfeffer einreiben. • Die Bratenpfanne des Backofens kalt ausspülen und die Zwiebelstücke, die Möhrenstücke und die Selleriestücke hineingeben. • Die Butter schmelzen lassen, das Roastbeef auf den Bratenrost legen, mit der Butter bestreichen, auf die mittlere Schiebeleiste des Backofens geben und 30 Minuten braten. Das Fleisch gegen Ende der Bratzeit noch einmal mit der restlichen Butter bestreichen. • Das Roastbeef auf eine Platte legen und im abgeschalteten Backofen warm stellen. • Den Bratensaft in der Bratenpfanne mit dem heißen Wasser lösen und durch ein Sieb gießen. • Die Sauce teilen und die Hälfte davon mit der kalt angerührten Speisestärke, der sauren Sahne, dem Salz und dem Pfeffer verrühren und einmal aufkochen lassen. • Das Roastbeef ebenfalls in 2 Hälften teilen und die eine Hälfte davon in Scheiben schneiden und mit der abgerundeten Sauce servieren.

Richtig einfrieren:

Das abgekühlte Stück Roastbeef in Alufolie verpacken und beschriften; die Sauce in einen Gefrierbehälter geben, beschriften und beides im Kühlschrank völlig erkalten lassen. • Roastbeef und Sauce dann einfrieren. • Das Roastbeef kann auch in Scheiben geschnitten eingefroren und die Scheiben noch gefroren in der Sauce aufgetaut und erwärmt werden.

Vor dem Essen:

Das Roastbeef im Backofen bei 50° etwa 1 $^1/_2$ Stunden auftauen lassen und erhitzen. Die gefrorene Sauce in wenig heißem Wasser zugedeckt auftauen und erhitzen, ebenfalls mit Speisestärke binden und mit der sauren Sahne, Salz und Pfeffer abschmecken.

Das paßt dazu:

Brokkoligemüse, Rosenkohl oder Spargel mit Sauce Hollandaise und Karoffelkroketten.

Pikanter Schmorbraten

Zutaten für 2 Mahlzeiten:
1 1/2 kg Rindfleisch (Rose)
2 Zwiebeln
1/2 Tasse Sojasauce
1 Tasse Wasser
1/4 Teel. Ingwerpulver
5 Eßl. Öl

Zum Abrunden:
1 gestr. Teel. Mehl
1/2 Tasse Milch
je 1 Prise Salz und Zucker
1/2 Teel. milder Senf

Marinierzeit:
12 Stunden

Zubereitungszeit:
30 Minuten

Garzeit:
2 Stunden

Lagerdauer:
4 Monate

So wird's gemacht:

Das Fleisch kurz kalt abbrausen und in eine genügend große Schüssel legen. • Die Zwiebeln schälen, in Achtel schneiden und zum Fleisch geben. • Die Sojasauce mit dem Wasser und dem Ingwerpulver mischen, über das Fleisch gießen und das Fleisch zugedeckt 12 Stunden im Kühlschrank marinieren; dabei öfters wenden. • Das Fleisch aus der Marinade nehmen und gut trockentupfen. • Die Marinade erhitzen. • Das Öl in einem Schmortopf erhitzen und das Fleisch von allen Seiten bei starker Hitze darin anbraten. • Die heiße Marinade um das Fleisch gießen und das Fleisch zugedeckt bei milder Hitze 2 Stunden schmoren lassen. • Das Mehl mit der Milch, dem Salz, dem Zucker und dem Senf verrühren. • Die Hälfte des garen Schmorbratens abkühlen lassen, die andere Hälfte auf eine vorgewärmte Platte geben und warm stellen. • Die Sauce mit der angerührten Milch binden und einige Male aufwallen lassen. • Die Sauce gesondert zum Fleisch reichen.

Richtig einfrieren:

Den abgekühlten Braten verpacken, beschriften und im Kühlschrank völlig erkalten lassen. Den Schmorbraten dann einfrieren.

Vor dem Essen:

Den gefrorenen Braten bei 50° 1 Stunde im Backofen auftauen lassen und erwärmen. • Zum Braten eine Sauce aus einem Päckchen Rahmbratensauce reichen.

Das paßt dazu:

Kartoffelklöße aus gekochten Kartoffeln oder Klöße aus einer Hälfte gekochter und einer Hälfte roher Kartoffeln und Kompott aus Backobst oder feines Kohlgemüse.

Unser Tip:

Sie können den gefrorenen Braten auch in einer neu angerührten Marinade über Nacht zugedeckt auftauen lassen und dann im Backofen erhitzen. Die Marinade ergibt wieder eine würzige Sauce.

Hirten-Eintopf

Bild 2. Umschlagseite

Zutaten für 2 Mahlzeiten:
800 g Rindfleisch
3 Eßl. Öl
2 Dosen Tomatenmark
$1^1/_2$ l heißes Wasser
2 Schächtelchen Klare Fleischsuppe
2 rote, 2 grüne Paprikaschoten
2 Stangen Lauch (Porree)
500 g Möhren
2 Tassen Langkornreis
2 Dosen Maiskörner
$^1/_2$ Teel. Salz

Zum Abrunden
1 Prise Knoblauchpulver
einige Spritzer Würzflüssigen „Paprika"
2 Eßl. Schnittlauch oder Petersilie

Zubereitungszeit:
30 Minuten
Garzeit: 1 Stunde und 20 Minuten

Lagerdauer:
5 Monate

So wird's gemacht:

Das Fleisch kurz kalt abbrausen, trockentupfen und in gleichgroße Würfel schneiden. • Das Öl erhitzen und das Fleisch von allen Seiten darin anbraten. • Das Tomatenmark zum Fleisch geben, gut umrühren und mit dem kochendheißen Wasser auffüllen. Die Klare Fleischsuppe mit wenig Wasser anrühren, zum Eintopf geben und alles zugedeckt bei mittlerer Hitze 50 Minuten kochen lassen. • Die Paprikaschoten halbieren, von Rippen und Kernen befreien, die Schotenhälften waschen und in Streifen schneiden. • Den Lauch putzen, gründlich waschen und in Scheiben schneiden. • Die Möhren schaben, waschen, in Scheiben schneiden und mit den Paprikastreifen und Lauchscheibchen zum Fleisch geben. • Den Reis mehrmals kalt waschen, ebenfalls zum Fleisch geben und alles weitere 30 Minuten garen. • Die Maiskörner in den Eintopf geben, das Salz unterrühren und alles ohne Kochen gut erhitzen. • Den Eintopf halbieren, eine Hälfte zugedeckt abkühlen lassen, die andere Hälfte mit dem Knoblauchpulver, der Paprikawürze abschmecken und mit den Kräutern bestreut servieren.

Richtig einfrieren:

Den Eintopf in einen Gefrierbehälter füllen, diesen gut verschließen, beschriften und im Kühlschrank völlig erkalten lassen. • Den Hirten-Eintopf einfrieren.

Vor dem Essen:

Den gefrorenen Block in 3 Eßlöffel kochendes Salzwasser legen und bei milder Hitze zugedeckt auftauen und erwärmen. • Den Eintopf vor dem Servieren ebenfalls mit Knoblauchpulver und Paprikawürze abschmecken und mit frischen Kräutern bestreuen.

Das paßt dazu:

Beliebiges Brot; als Nachtisch Früchtequark (Rezept Seite 68) oder fertiger Schokoladen-Kaltrührpudding mit frischer Sahne.

Unser Tip:

Als Variante können Sie den Eintopf auch mit Schweinefleisch bereiten oder mit in Scheiben geschnittenen Szegediner Würstchen.

Pichelsteiner Spezialtopf

Zutaten für 2 Mahlzeiten:
500 g Schweinefleisch
250 g Hammelfleisch
2 Köpfe Wirsing
6 Möhren
1 Sellerieknolle
2 Zwiebeln
750 g Kartoffeln
$^1/_2$ Teel. Salz
2 Teel. Kümmel
1 l Fleischbrühe aus Brühwürfel
5 Eßl. Butterflöckchen

Zum Abrunden:
1 gestr. Teel. Paprikapulver

Zubereitungszeit:
45 Minuten

Garzeit:
1 Stunde und 30 Minuten

Lagerdauer:
3 Monate

So wird's gemacht:

Das Fleisch kurz kalt abbrausen, trockentupfen und in gleichgroße Würfel schneiden; dabei möglichst alles Fett entfernen. • Den Wirsing von den äußeren Blättern befreien, die Strünke kürzen, die groben Blattrippen herausschneiden und die Blätter in Streifen schneiden. • Die Möhren putzen, waschen und in Scheiben schneiden. • Den Sellerie unter fließendem kaltem Wasser gründlich bürsten, schälen, waschen und in Stifte schneiden. • Die Zwiebeln schälen und würfeln. • Die Kartoffeln bürsten, schälen, waschen und in gleichgroße Würfel schneiden. • Die Fleischwürfel, die Kartoffelwürfel und die Gemüsestückchen schichtweise in einen Topf geben und jede Schicht mit dem Salz und dem Kümmel bestreuen. • Die Fleischbrühe über den Eintopf gießen, die Butterflöckchen darauf verteilen und das Pichelsteiner zugedeckt bei milder Hitze 1 Stunde und 30 Minuten garen. • Die Hälfte des Pichelsteiners zugedeckt abkühlen lassen, die andere Hälfte mit dem Paprikapulver abschmecken und sofort servieren.

Richtig einfrieren:

Den abgekühlten Eintopf in eine Gefrierdose füllen, diese gut verschließen, beschriften und im Kühlschrank völlig erkalten lassen. • Den kalten Eintopf einfrieren.

Vor dem Essen:

Den gefrorenen Block in 3 Eßlöffel kochendes Wasser legen und zugedeckt bei milder Hitze auftauen und erwärmen. • Den Eintopf vor dem Servieren mit Paprikapulver abschmecken.

Das paßt dazu:

Beliebiges Brot mit frischen kleingeschnittenen Kräutern bestreut; als Nachtisch Zitroneneis oder Johannisbeer-Sahneeis (Rezepte auf den Seiten 66 und 67)

Unser Tip:

Platzsparender können Sie den Eintopf ohne Kartoffelwürfel einfrieren. Geben Sie diese dann frischgekocht dem wieder erwärmten Eintopf zu.

Huhn mit Reis

Zutaten für 2 Mahlzeiten:
1 frisches Suppenhuhn von etwa $1^1/_2$ kg
3 l Wasser
$^1/_2$ Teel. Salz
2 Bunde Suppengrün
300 g Reis

Zum Abrunden:
flüssige Suppenwürze
1 Tasse tiefgefrorene Erbsen

Zubereitungszeit:
20 Minuten

Garzeit:
2 Stunden und 30 Minuten

Lagerdauer:
5 Monate

So wird's gemacht:

Das Suppenhuhn bereits küchenfertig kaufen, innen und außen gründlich kalt waschen und mit dem Wasser und dem Salz im offenen Topf bei milder Hitze etwa 1 Stunde und 30 Minuten kochen lassen. • Das Suppengrün putzen, waschen und grob zerkleinern. • Nach 1 Stunde und 30 Minuten Kochzeit das Suppengrün zum Huhn geben, den Topf schließen und weitere 30 Minuten kochen lassen. • Das Suppenhuhn aus der Brühe nehmen, zerlegen, von Haut und Knochen befreien und das Geflügelfleisch in gleichgroße Stücke schneiden. • Die Hühnerbrühe durch ein Sieb gießen und wieder zum Kochen bringen. • Den Reis mehrmals kalt waschen, bis das Wasser klar bleibt. Den Reis dann in die kochende Brühe geben, das Hühnerfleisch ebenfalls wieder in die Brühe legen und alles zugedeckt noch einmal 15 Minuten bei milder Hitze kochen lassen. • Die eine Hälfte des Eintopfes zugedeckt abkühlen lassen. • Die andere Hälfte mit der flüssigen Suppenwürze abschmecken, die tiefgefrorenen Erbsen in die Suppe geben und bei ganz milder Hitze zugedeckt etwa 6–7 Minuten kochen lassen.

Richtig einfrieren:

Den abgekühlten Eintopf in einen Gefrierbehälter füllen, diesen gut verschließen, beschriften und im Kühlschrank restlos erkalten lassen. • Den kalten Eintopf einfrieren.

Vor dem Essen:

Den gefrorenen Suppenblock in 3 Eßlöffel kochendes Wasser legen und zugedeckt bei milder Hitze auftauen und erwärmen. • Den Eintopf vor dem Servieren ebenfalls mit tiefgefrorenen Erbsen und mit Suppenwürze anreichern.

Das paßt dazu:

Getoastetes Graubrot; als Nachtisch indischer Fruchtsalat (Rezept Seite 64) oder Fruchtcocktail aus der Dose.

Unser Tip:

Platzsparender gefrieren Sie den Eintopf ohne Reis ein und kochen den Reis erst, während der Eintopf auftaut und erwärmt wird.

Zarter Rotkohleintopf

Zutaten für 2 Mahlzeiten:
1 kg mageres Schweinefleisch
2 kg Rotkohl
4 kleine Äpfel
2 kleine Zwiebeln
4 Gewürznelken
1 Lorbeerblatt
100 g Margarine
1l heiße Fleischbrühe aus Würfel
800 g Kartoffeln
2 Eßl. Weinessig
1/2 Tasse Preiselbeerkompott

Zum Abrunden:
1/2 Glas Rotwein
1 Prise Salz

Zubereitungszeit:
40 Minuten

Garzeit:
1 Stunde und 30 Minuten

Lagerdauer:
3 Monate

So wird's gemacht:
Das Schweinefleisch kalt abbrausen, gut trockentupfen und in gleichgroße Würfel schneiden. • Den Rotkohl putzen, die Strünke und groben Rippen entfernen und die Blätter in gleichgroße Streifen schneiden oder hobeln. • Die Äpfel schälen, vierteln, die Kerngehäuse entfernen und die Apfelviertel würfeln. • Die Zwiebeln schälen und mit den Gewürznelken bestecken, das Lorbeerblatt zerbrechen. • Die Margarine in einem genügend großen Topf erhitzen und die Kohlstreifen unter Rühren darin anbraten. • Die Fleisch- und Apfelwürfel sowie die mit Nelken besteckten Zwiebeln und das Lorbeerblatt zufügen, mit der Fleischbrühe aufgießen und alles zugedeckt bei milder Hitze 1 Stunde und 30 Minuten kochen lassen. • Die Kartoffeln bürsten, schälen, waschen, würfeln und 15 Minuten vor Ende der Garzeit in den Eintopf geben. • Den garen Eintopf mit dem Weinessig und dem Preiselbeerkompott abrunden, eine Hälfte zugedeckt abkühlen lassen und die andere Hälfte mit dem Rotwein und etwas Salz abschmecken.

Richtig einfrieren:
Den abgekühlten Eintopf in einen Gefrierbehälter füllen, diesen gut verschließen, beschriften und den Eintopf im Kühlschrank restlos erkalten lassen. • Den kalten Eintopf einfrieren.

Vor dem Essen:
Den Eintopf in 3 Eßlöffel kochendes Wasser geben und zugedeckt auftauen und erwärmen. • Den Eintopf vor dem Servieren ebenfalls mit Rotwein und 1 Prise Salz abschmecken.

Das paßt dazu:
Mit Knoblauch und wenig Butter bestrichenes Weißbrot, im Backofen gebäht; als Nachtisch Grießpudding mit Fruchtsauce.

Unser Tip:
Besonders fein wird der Eintopf, wenn Sie zuletzt halbierte Maronen (Edelkastanien) aus der Dose darin erwärmen.

Pußtatopf

Zutaten für 2 Mahlzeiten:
2 Zwiebeln
4 Stangen Lauch (Porree)
6 rote Paprikaschoten
8 Kartoffeln
4 Eßl. Margarine
$1^1/_2$ l heißes Wasser
2 Fleischbrühwürfel
6 Landjägerwürste

Zum Abrunden:
je 1 Prise Salz und Pfeffer
$^1/_4$ Teel. Paprikapulver
$^1/_2$ Tasse Sahne
2 Eßl. kleingeschnittene Kräuter

Zubereitungszeit:
20 Minuten

Lagerdauer:
3 Monate

Unser Tip:
Noch typischer wird der Pußtatopf, wenn Sie statt der Landjägerwürstchen Szegediner Würstchen hineingeben.

So wird's gemacht:
Die Zwiebeln schälen und in Ringe schneiden. Den Lauch am Wurzelende abschneiden, schlechte Stellen entfernen, die Stangen längs halbieren und unter fließendem kaltem Wasser waschen. Den Lauch in Scheibchen schneiden. Die Paprikaschoten in Ringe schneiden, von Rippen und Kernen befreien und waschen. Die Kartoffeln bürsten, schälen und in Würfel schneiden. • Die Margarine in einem genügend großen Topf schmelzen lassen und die Zwiebelringe unter ständigem Rühren 1 Minute darin anbraten. Die Gemüse- und Kartoffelwürfel zufügen und ebenfalls anbraten. • Das heiße Wasser und die Fleischbrühwürfel zum Gemüse geben und dieses zugedeckt 15 Minuten bei milder Hitze kochen lassen. • Die Landjägerwürste pellen, in Scheiben schneiden und in den Pußtatopf geben. • Eine Hälfte davon zugedeckt abkühlen lassen. • Den restlichen Eintopf mit dem Salz, dem Pfeffer und dem Paprikapulver abschmecken und weitere 10 Minuten kochen lassen. • Den Eintopf vom Herd nehmen, die Sahne unterrühren und die Kräuter darüberstreuen.

Richtig einfrieren:
Den abgekühlten Eintopf in einen Gefrierbehälter füllen, diesen gut verschließen, beschriften und im Kühlschrank völlig erkalten lassen. Den Pußtatopf dann einfrieren.

Vor dem Essen:
Den gefrorenen Block in etwa 3 Eßlöffel kochendes Wasser geben und zugedeckt bei milder Hitze auftauen und erwärmen. • Den heißen Pußtatopf ebenfalls mit Salz, Pfeffer und Paprikapulver abschmecken, mit Sahne verrühren und mit Kräutern bestreuen.

Das paßt dazu:
Bauernbrot mit Butter bestrichen und grobem Salz bestreut; als Nachtisch Vanille-Eiscreme mit heißen Himbeeren aus der Tiefkühltruhe.

Kräftiger Linseneintopf

Zutaten für 2 Mahlzeiten:
750 g Linsen
1 Speckschwarte
500 g Schweinebauch
$^{1}/_{4}$ Teel. Salz
1 Zwiebel
1 Bund Suppengrün
600–700 g Kartoffeln

Zum Abrunden:
Saft von 1 Zitrone
1–2 Teel. Zucker
oder flüssige Suppenwürze

Einweichzeit:
12 Stunden

Zubereitungszeit:
30 Minuten

Garzeit:
1 Stunde und 30 Minuten

Lagerdauer:
6 Wochen

Unser Tip:
Statt der Linsen kann der Eintopf auch mit grünen getrockneten Erbsen oder mit weißen Bohnen bereitet werden; dann aber nicht süßsauer abschmecken!

So wird's gemacht:
Die Linsen verlesen und mindestens 12 Stunden in reichlich abgekochtem kaltem Wasser einweichen. • Die Linsen mit dem Einweichwasser in einen Topf geben, die Speckschwarte und den kalt abgebrausten Schweinebauch zufügen und mit so viel kaltem Wasser aufgießen, daß alle Zutaten reichlich bedeckt sind. • Das Salz zufügen und den Eintopf zugedeckt bei milder Hitze 1 Stunde kochen lassen. • Die Zwiebel schälen und halbieren. Das Suppengrün von den Wurzelenden und schlechten Stellen befreien, waschen und grob zerkleinern. • Die Zwiebelhälften und das Suppengrün nach 1 Stunde Garzeit zum Eintopf geben und mitkochen lassen. • Die Kartoffeln bürsten, schälen, waschen, in Würfel schneiden und 15 Minuten vor Ende der Garzeit zum Eintopf geben. • Die Speckschwarte und die Zwiebelhälften entfernen. Den Schweinebauch aus dem Eintopf nehmen, in Würfel schneiden und wieder in den Eintopf geben. Eine Hälfte des Eintopfes zugedeckt abkühlen lassen und die andere Hälfte entweder mit dem Zitronensaft und dem Zucker oder mit der Suppenwürze abschmecken.

Richtig einfrieren:
Den abgekühlten Eintopf in eine Gefrierdose füllen, diese gut verschließen, beschriften und den Eintopf im Kühlschrank restlos erkalten lassen. • Den Linseneintopf dann einfrieren.

Vor dem Essen:
Den gefrorenen Eintopf in 3 Eßlöffel kochendes Wasser geben und zugedeckt bei milder Hitze auftauen und erwärmen. • Den Eintopf vor dem Servieren ebenfalls mit Zitronensaft und Zucker oder mit Suppenwürze abschmecken.

Das paßt dazu:
Nach Belieben kann der Eintopf, wie es die Schwaben mögen, noch mit Spätzle (Fertigprodukt) angereichert werden; als Nachtisch fertigen Früchtejoghurt oder Obstsalat mit Joghurt angemacht.

Bunter Gemüsetopf

Bild Seite 55

Zutaten für 2 Mahlzeiten:
400 g Möhren
1 Zwiebel
700 g Schweinefleisch (Brust)
3 Eßl. Öl
1/4 Teel. Salz
1 l heißes Wasser
400 g grüne Bohnen
400 g grüne Erbsen
400 g Rosenkohl
400 g Blumenkohl
700 g Kartoffeln

Zum Abrunden:
flüssige Suppenwürze
1–2 Eßl. kleingeschnittene Petersilie

Zubereitungszeit:
45 Minuten

Garzeit:
1 Stunde

Lagerdauer:
5 Monate

So wird's gemacht:
Die Möhren schaben, waschen und in Stifte schneiden. • Die Zwiebel schälen und kleinwürfeln. • Das Fleisch kalt abbrausen, trockentupfen und in gleichgroße Würfel schneiden. • Das Öl in einem genügend großen Topf erhitzen und die Zwiebelwürfel mit den Fleischwürfeln und den Möhrenstiften unter ständigem Rühren 5 Minuten anbraten. Das heiße Wasser mit dem Salz über die Fleischwürfel gießen und zugedeckt bei milder Hitze insgesamt 1 Stunde kochen lassen. • Die grünen Bohnen waschen, entfädeln und große Bohnen in kleine Stücke brechen oder schneiden. • Die Erbsen enthülsen, waschen und im Sieb abtropfen lassen. • Den Rosenkohl unter fließendem kaltem Wasser waschen, schlechte Blätter entfernen und die Strünke etwas kürzen. • Den Blumenkohl in einzelne Röschen zerteilen, diese waschen und die Strünke ebenfalls etwas kürzen. • Die Kartoffeln bürsten, schälen, waschen und in gleichgroße Würfel schneiden. • Nach 30 Minuten Kochzeit die Bohnen und die Erbsen, nach weiteren 10 Minuten den Rosenkohl, den Blumenkohl und die Kartoffelwürfel zu dem Eintopf geben. • Den Eintopf weitere 15 Minuten kochen lassen. Die Hälfte davon dann zugedeckt abkühlen lassen. • Den restlichen Eintopf noch 10 Minuten kochen lassen; vor dem Servieren mit der Suppenwürze abschmecken und mit der Petersilie bestreuen.

Richtig einfrieren:
Den abgekühlten Eintopf in einen Gefrierbehälter füllen, gut verschließen, beschriften und im Kühlschrank völlig erkalten lassen. • Den kalten Eintopf einfrieren.

Vor dem Essen:
Den gefrorenen Block in 3 Eßlöffel kochendes Wasser geben und zugedeckt bei milder Hitze auftauen und erwärmen. • Den Eintopf vor dem Servieren ebenfalls mit Suppenwürze abschmecken und mit Petersilie bestreuen.

Das paßt dazu:
Geröstetes Schwarzbrot; als Nachtisch Himbeerquark (Rezept Seite 69) oder Vanille-Pudding mit Himbeersaft.

Unser Tip:
Die Zusammensetzung der Gemüsearten kann je nach Jahreszeit beliebig verändert werden.

Hammeltopf mit Bohnen

Zutaten für 2 Mahlzeiten:
1 kg mageres Hammelfleisch
5 Eßl. Öl
1/4 Teel. Salz
1 Prise Pfeffer
1 l heiße Instant-Fleischbrühe
1 kg grüne Bohnen
2 Zweige Bohnenkraut
750 g Kartoffeln
8 Tomaten

Zubereitungszeit:
50 Minuten

Garzeit:
1 Stunde und 30 Minuten

Lagerdauer:
5 Monate

So wird's gemacht:

Vom Hammelfleisch alles Fett und Sehnen entfernen, das Fleisch kurz kalt abbrausen und in gleichgroße Würfel schneiden. • Das Öl erhitzen, die Fleischwürfel unter Wenden einige Minuten von allen Seiten scharf darin anbraten und mit dem Salz und dem Pfeffer würzen. • So viel heiße Fleischbrühe um das Fleisch gießen, daß es knapp bedeckt ist; das Fleisch zugedeckt bei mittlerer Hitze 60 Minuten schmoren lassen. • Die grünen Bohnen entfädeln, waschen, in 3 cm große Stücke brechen, mit dem Bohnenkraut zum Fleisch geben und 15 Minuten darin kochen lassen. • Die Kartoffeln bürsten, schälen, waschen, würfeln, mit der restlichen Fleischbrühe zum Eintopf geben und weitere 15 Minuten darin garen. • Die Tomaten am stiellosen Ende kreuzweise einritzen, mit kochendem Wasser überbrühen und einige Minuten im Wasser liegen lassen. Die locker aufgesprungene Tomatenhaut abziehen und die Tomaten in kleine Stücke schneiden. • 5 Minuten vor Ende der Garzeit die Tomatenstückchen zum Eintopf geben und das Bohnenkraut entfernen. • Die eine Hälfte des Hammeltopfes zugedeckt abkühlen lassen.

Richtig einfrieren:

Den abgekühlten Eintopf in einen Gefrierbehälter füllen, diesen gut verschließen, beschriften und im Kühlschrank restlos erkalten lassen. • Den kalten Eintopf einfrieren.

Vor dem Essen:

Den gefrorenen Eintopf in 3 Eßlöffel kochendes Wasser legen und zugedeckt bei milder Hitze auftauen und erwärmen.

Das paßt dazu:

Frisches Bauernbrot oder Grahambrot; als Nachtisch Früchtequark (Rezept Seite 68) oder fertigen Früchtejoghurt.

Unser Tip:

Die Tomaten für den eingefrorenen Eintopf können auch erst vor dem Essen frisch in dem bereits heißen Eintopf 5 Minuten mitgaren.

Festliche Abendpastete

Zutaten für 8 Personen:
600 g tiefgefr. Blätterteig
200 g gepökelte Ochsenzunge
600 g mageres Schweinehackfleisch
300 g Rinderhackfleisch
$^1/_2$ Glas Madeirawein
5 Eigelbe
$^1/_2$ Tasse Dosenmilch
$^1/_2$ Tasse Semmelbrösel
1 Schweinelendchen
3 Eßl. Öl
1 Prise Salz
2 Kalbsbratwürste
8 Backpflaumen ohne Steine

Auftauzeit für den Blätterteig:
30 Minuten

Zubereitungszeit:
1 Stunde

Garzeit:
45 Minuten

Lagerdauer:
4 Wochen

Unser Tip:
Wenn Sie die Hälfte der Pastete sofort servieren, können Sie die andere Hälfte in Scheiben geschnitten vorgefrieren, mit Klarsichtfolie zwischen den Scheiben einfrieren und vor dem Essen bei Raumtemperatur auftauen lassen.

So wird's gemacht:
Den Backofen auf 200° vorheizen. • Den aufgetauten Blätterteig auf einem bemehlten Brett dünn ausrollen. • Eine Kastenform mit dem Blätterteig auslegen, die Teigwände mehrmals mit einer Gabel einstechen und den Teig im Backofen 20 Minuten backen. • Die Ochsenzunge in feine Würfel schneiden und mit dem Hackfleisch, dem Wein, den Eigelben, der Dosenmilch und den Semmelbröseln mischen. • Das Schweinelendchen kurz kalt abbrausen, gut trockentupfen und in heißem Öl 5 Minuten von allen Seiten gut anbraten und salzen. • Die Bratwurstmasse aus der Haut drücken und das Lendchen von allen Seiten damit bestreichen. • Die Teigform mit der Hälfte des Hackfleisches füllen, das Lendchen daraufgeben und die Backpflaumen danebenlegen. Die Form mit dem restlichen Hackteig auffüllen. • Die Pastete im vorgeheizten Backofen 45 Minuten backen; nach 20 Minuten mit Alufolie bedecken, damit sie nicht zu braun wird. • Die Pastete nach dem Backen in der Form abkühlen lassen, stürzen und völlig erkalten lassen. Die Pastete entweder halbieren und einen Teil servieren oder im ganzen einfrieren.

Richtig einfrieren:
Die Pastete gut in Alufolie verpacken, beschriften und einfrieren.

Vor dem Essen:
Die Pastete bei 75° im Backofen etwa 60 Minuten auftauen und anschließend erkalten lassen.

Das paßt dazu:
Getoastetes Weißbrot und Butter, Mixed Pickles oder Senffrüchte aus dem Glas oder ein beliebiger festlicher Salat.

Kümmelbrötchen

Zutaten für etwa 30 Stück:
1 kg Mehl
60 g Hefe
$^1/_2$ l lauwarme Milch
100 g Margarine
2 Eier
$^1/_4$ Teel. Salz
1 gestr. Teel. gemahlener Kümmel
3 Eßl. Butter
2 Eßl. Kümmelkörner

Zubereitungszeit:
1 Stunde und 30 Minuten

Backzeit:
15 Minuten

Lagerdauer:
6 Monate

So wird's gemacht:

Das Mehl in eine Schüssel sieben, in die Mitte eine Vertiefung drücken, die Hefe hineinbröckeln, mit der lauwarmen Milch auflösen, mit etwas Mehl mischen und Mehl darüberstäuben. Diesen Hefeansatz 15 Minuten gehen lassen, bis die Oberfläche feine Risse zeigt. • Die Margarine schmelzen lassen, mit den Eiern, dem Salz und dem gemahlenen Kümmel zum Hefeansatz geben und daraus einen glatten Hefeteig schlagen. Den Teig nochmals 15 Minuten zugedeckt an einem warmen Ort gehen lassen. • Aus dem gegangenen Hefeteig etwa 30 Kugeln im Durchmesser von 4 cm formen, diese auf ein ungefettetes Backblech legen, die Kugeln etwas flachdrücken und weitere 20 Minuten gehen lassen. • Den Backofen auf 220° vorheizen. • Die Brötchen mit einem scharfen Messer kreuzweise etwas einschneiden, damit sie beim Backen schön platzen. • Die Butter schmelzen lassen, die Brötchen mit der Butter bestreichen und mit den Kümmelkörnern bestreuen. Die Brötchen in den Backofen schieben und goldgelb backen.

Richtig einfrieren:

Die nicht sofort benötigten Brötchen noch warm verpacken, beschriften und einfrieren.

Vor dem Essen:

Die gefrorenen Brötchen bei Raumtemperatur auftauen lassen; oder im Backofen bei etwa 75° ungefähr 30 Minuten auftauen lassen und bei 200° noch einmal 5 Minuten aufbacken.

Unser Tip:

Sie können die Brötchen auch ungebacken einfrieren, dann aber vor dem letzten Aufgehen. Vor dem Essen die Brötchen bei 50° im Backofen etwa 1 Stunde auftauen lassen und bei 200° 15 Minuten backen.

Neapolitanische Pizza

Gemüse-Eintopf
(Rezept Seite 50)
wird durch unterschiedliche
Fleischeinlagen zu einem
stets beliebten Gericht. ▷

Zutaten für 8–10 Personen:
500 g Mehl
40 g Hefe
4 Eßl. Olivenöl
1 gute Prise Salz
$^1/_2$ Teel. Zucker
$^3/_8$ l lauwarmes Wasser
$1^1/_2$ kg Tomaten
4 Eßl. Olivenöl
400 g rohe Schinkenscheiben
500 g weiche Käsescheiben
je 1 gute Prise Salz, Pfeffer, getrockneter Thymian und Oregano

Zum Abrunden:
4 Eßl. geriebener Parmesankäse

Zubereitungszeit:
50 Minuten

Backzeit:
25 Minuten

Lagerdauer:
3 Monate

So wird's gemacht:

Das Mehl in eine Schüssel sieben, in die Mitte eine Vertiefung drücken und die Hefe hineinbröckeln. • Das Olivenöl, das Salz, den Zucker und das lauwarme Wasser zur zerbröckelten Hefe geben und mit etwas Mehl einen Hefevorteig kneten. • Den Hefevorteig mit etwas Mehl bestäuben und 10 Minuten an einem warmen Ort gehen lassen, bis die Oberfläche feine Risse zeigt. • Die Tomaten am stiellosen Ende kreuzweise einritzen, mit kochendem Wasser überbrühen und einige Minuten im Wasser liegen lassen. Die locker aufgesprungene Tomatenhaut abziehen und die Tomaten in Scheiben schneiden. • Aus dem Hefevorteig und dem restlichen Mehl einen geschmeidigen Hefeteig schlagen, vom Hefeteig 2 runde Böden ausrollen, diese auf ein oder zwei Backbleche geben und wiederum 15 Minuten ruhen lassen. • Die gegangenen Hefeteigböden mit der Hälfte des Olivenöls beträufeln und mit den Tomatenscheiben, den Schinkenscheiben und den Käsescheiben belegen. • Den Belag mit Salz, Pfeffer, Thymian und Oregano bestreuen und das restliche Olivenöl darüberträufeln. • Den Backofen auf 210° vorheizen. • Eine der beiden Pizzas knapp 20 Minuten backen, die zweite Pizza 25 Minuten backen. • Die kürzer gebackene Pizza aus dem Backofen nehmen und abkühlen lassen. Die andere Pizza etwa 8 Minuten vor Ende der Garzeit mit dem geriebenen Parmesankäse bestreuen und noch so lange backen, bis der Käse zu schmelzen beginnt.

Richtig einfrieren:

Die kürzer gebackene Pizza in Alufolie einpacken, gut verschließen, beschriften und noch lauwarm einfrieren.

Vor dem Essen:

Die noch gefrorene Pizza in der Alufolie lassen, die Folie aber über dem Belag völlig zurückschlagen und die Pizza bei 210° etwa 20 Minuten auftauen und erhitzen. • Ebenfalls vor Ende der Backzeit die Pizza mit Parmesankäse bestreuen und noch so lange backen, bis der Käse zu schmelzen beginnt.

Unser Tip:

Sie können die eine Pizza, ohne den Teig vor dem Belegen gehen zu lassen, belegt, aber ungebacken einfrieren. Die gefrorene Pizza wird dann bei 50° etwa 30 Minuten aufgetaut und bei 210° 20 Minuten gebacken.

◁ Piroschki (Seite 58)
Spanische Pastete (Seite 61)
Pizza (Seite 54)
Käsestangen (auf dieser Seite)

Feine Käsestangen

Bild nebenstehend

Zutaten für 40 Stück:
600 g tiefgefrorener Blätterteig
1 Eßl. Kümmel
3 Eßl. Butter
2 Eßl. Semmelbrösel
4 Eßl. Sahne
1 Eßl. Sardellenpaste
100 g geriebener Käse
je 1 Prise Pfeffer und edelsüßes Paprikapulver
2 Eigelbe
2 Eßl. geschmolzene Butter

Zubereitungszeit:
50 Minuten (den Teig zuvor etwa 30 Minuten auftauen lassen)

Backzeit:
10 Minuten

Lagerdauer:
3 Monate

So wird's gemacht:

Den aufgetauten Blätterteig zu 2 Teigplatten von 20×40 cm ausrollen. • Den Kümmel mit einem Wellholz in kleine Stücke zerdrücken. • Die Butter schmelzen lassen und die Semmelbrösel, die Sahne, die Sardellenpaste, den geriebenen Käse, den Pfeffer, das Paprikapulver und die Kümmelstückchen zu einer Paste verrühren. Die Paste auf eine der beiden Teigplatten streichen und die zweite Teigplatte darauflegen. • Die Teigplatten mit dem Wellholz etwas zusammendrücken und quer halbieren. Aus dieser Teigplatte 40 etwa 2 cm breite Streifen schneiden. • Den Backofen auf 210° vorheizen. Zwei Backbleche mit Wasser befeuchten. • Die Teigstreifen zu Spiralen drehen. Die Eigelbe verquirlen und die Hälfte der Käsestangen mit dem verquirlten Eigelb bestreichen. Die restlichen Käsestangen mit der geschmolzenen Butter bestreichen. • Die Käsestangen auf die Backbleche legen und etwa 10 Minuten goldgelb backen.

Richtig einfrieren:

Die noch warmen, mit der Butter bestrichenen Käsestangen auf eine Platte legen und im Gefriergerät hartfrieren lassen. • Die hartgefrorenen Käsestangen in Alufolie oder in einen Gefrierbehälter verpacken, beschriften und endgültig einfrieren.

Vor dem Essen:

Die gefrorenen Käsestangen im Backofen bei 150° auftauen lassen und bei 220° etwa 5 Minuten noch einmal knusprig backen.

Unser Tip:

Wenn Sie schon beim Backen abschätzen können, wieviele der Käsestangen Sie einfrieren, so sollten Sie diese Stangen möglichst nicht zu dunkel backen, weil sie beim Wiederaufbacken noch etwas nachdunkeln.

Piroschki

Bild Seite 56

Zutaten für etwa 20 Stück:
$^{1}/_{2}$ l Milch
125 g Butter
40 g Hefe
1 Prise Zucker
$^{1}/_{4}$ Teel. Salz
2 Eier
1 kg Mehl
3 Stangen Lauch (Porree)
1 Zwiebel
1 Eßl. Öl
10 Bratwürste
4 Eßl. Semmelbrösel

Zum Abrunden:
1 Ei
1 Eßl. Butter

Zubereitungszeit:
1 Stunde

Backzeit:
30 Minuten

Lagerdauer:
4 Wochen

So wird's gemacht:

Die Milch mit der Butter leicht erwärmen. • Die Hefe in die Milch bröckeln, den Zucker, das Salz, die Eier und etwas von dem Mehl dazugeben, alles glattrühren, das restliche Mehl unterrühren und den Teig zugedeckt an einem warmen Ort 15–20 Minuten gehen lassen. • Den Lauch am Wurzelende abschneiden, schlechte Stellen entfernen, die Stangen längs halbieren und unter fließendem kaltem Wasser gründlich waschen. Den Lauch in feine Scheiben schneiden. Die Zwiebel schälen und würfeln. • Das Öl erhitzen und die Zwiebelwürfel und die Lauchscheibchen unter ständigem Rühren etwa 5 Minuten darin hellbraun braten. • Die Bratwurstmasse in eine Schüssel drücken, die Lauch- und Zwiebelstückchen mit dem Öl und den Semmelbröseln zugeben und zu einem geschmeidigen Teig verkneten. • Aus dem gegangenen Hefeteig 4 dünne Teigplatten von 50 × 80 cm schneiden und aus jeder Platte 10 Rechtecke von 5 × 8 cm. • Den Backofen auf 200° vorheizen. • Auf jedes Teigstück 2 Eßlöffel von der Füllung geben, die Ränder befeuchten, ein zweites Teigstück darauflegen und die Ränder gut festdrücken. • Das Ei verquirlen und die Hälfte der Piroschki damit bestreichen. Die Butter schmelzen lassen und die zweite Hälfte der Piroschki damit bestreichen. • Alle Piroschki backen; die mit Butter bestrichenen jedoch nach 25 Minuten aus dem Backofen nehmen. Die mit Ei bestrichenen noch weitere 5 Minuten goldgelb backen.

Richtig einfrieren:

Die mit Butter bestrichenen Piroschki etwas abkühlen lassen, verpacken, beschriften und noch lauwarm einfrieren.

Vor dem Essen:

Die gefrorenen Piroschki ebenfalls mit einem verquirlten Ei bestreichen und im Backofen bei 190° etwa 20 Minuten auftauen und backen.

Unser Tip:

Sie können die Piroschki auch ungebacken einfrieren; dann werden sie gefroren bei 190° etwa 40 Minuten aufgetaut und gebacken.

Schinkenpudding

Zutaten für 6–8 Personen:
400 g magerer gekochter Schinken
1 Zwiebel
4 Eßl. Petersilie
3 Eßl. Weinbrand
12 Eier
je $^1/_4$ Teel. Salz und edelsüßes Paprikapulver
1 Tasse Dosenmilch
$1^1/_2$ Tassen Quark
1 Eßl. Butter
3 Eßl. Semmelbrösel

Zubereitungszeit:
40 Minuten

Garzeit:
40 Minuten

Lagerdauer:
4 Wochen

So wird's gemacht:

Den Schinken in sehr feine Streifen schneiden. • Die Zwiebel schälen und würfeln. Die Zwiebelwürfel mit den Schinkenstreifen, der Petersilie und dem Weinbrand mischen und zugedeckt etwa 20 Minuten ziehen lassen. • Die Eier mit dem Salz, dem Paprikapulver, der Dosenmilch und dem Quark zu einer geschmeidigen Masse verrühren. • Die Butter in einer Napfkuchenform schmelzen lassen, die Form damit gut ausstreichen und mit den Semmelbröseln ausstreuen. • Die Ei-Quark-Masse in die Napfkuchenform geben und diese im Wasserbad (ein großer Topf mit kochendem Wasser) etwa 8 Minuten bei milder Hitze leicht kochen lassen. • Den Backofen auf 200° vorheizen. • Die Schinkenmischung mit der Ei-Quark-Masse verrühren, den Topf mit dem Wasserbad und der Kuchenform in den Backofen stellen und 40 Minuten garen. • Den Pudding in jedem Fall abkühlen lassen.

Richtig einfrieren:

Den abgekühlten Pudding in Alufolie verpacken, beschriften und im Kühlschrank völlig erkalten lassen. Den kalten Pudding einfrieren.

Vor dem Essen

Den Pudding über Nacht oder etwa 12 Stunden im Kühlschrank auftauen lassen.

Unser Tip:

Sie können den Pudding auch halbieren, die Hälfte sofort servieren und den Rest in Scheiben vorgefrieren, mit Klarsichtfolie zwischen den einzelnen Scheiben verpacken und dann einfrieren.

Feine Schinkenhörnchen

Zutaten für etwa 20 Stück:
1 Tasse Milch
25 g Hefe
600 g Mehl
200 g Butter
1 gute Prise Salz
5 Eier
300 g gekochter Schinken
10 grüne Oliven
$^1/_2$ Tasse saure Sahne
1 Prise Pfeffer

Zum Abrunden:
1 Eigelb
1 Eßl. Butter

Zubereitungszeit:
40 Minuten

Backzeit:
15 Minuten

Lagerdauer:
4 Wochen

So wird's gemacht:

Die Milch erwärmen und die Hefe in die Milch bröckeln. • Das Mehl in eine Schüssel sieben und den Hefebrei darübergießen. Die Butter schmelzen lassen, aber nicht erhitzen und mit dem Salz und den Eiern zum Mehl geben. Aus allen Zutaten einen glatten Hefeteig schlagen, bis dieser Blasen wirft. • Den Teig zugedeckt an einem warmen Ort 15 Minuten ruhen lassen. • Den Schinken und die Oliven sehr klein würfeln und mit der sauren Sahne und dem Pfeffer verrühren. • Aus dem gegangenen Hefeteig 5 Teigplatten von etwa 3 mm Dicke im Format 60 × 40 cm ausrollen. • Aus den Teigblättern längliche Dreiecke schneiden, auf jedes Dreieck etwas von der Füllung geben und die Dreiecke zu Hörnchen aufrollen. • Den Backofen auf 210° vorheizen. • Die Hälfte der Hörnchen mit verquirltem Eigelb, die andere Hälfte mit zerlassener Butter bestreichen. • Die mit zerlassener Butter bestrichenen Hörnchen auf ein Backblech geben und im Backofen etwa 10 Minuten hellgelb backen. Die zweite Hälfte 15 Minuten knusprig braun backen. • Die mit Eigelb bestrichenen Hörnchen warm oder abgekühlt servieren; die zweite Hälfte etwas abkühlen lassen.

Richtig einfrieren:

Die abgekühlten Hörnchen in Alufolie verpacken, gut beschriften und noch lauwarm einfrieren.

Vor dem Essen:

Die Hörnchen bei Raumtemperatur auftauen lassen und vor dem Servieren bei 200° noch einmal 7 Minuten nachbacken und etwas erwärmen.

Unser Tip:

Statt des gekochten Schinkens können Sie die Hörnchen auch mit gewürztem Corned beef, mit kleingehackten Fleischwürfeln oder mit gewürztem Quark füllen.

Spanische Pastete

Bild Seite 56

Zutaten für 2 Mahlzeiten:
50 g Hefe
$^{1}/_{2}$ l lauwarme Milch
50 g Margarine
1 Prise Salz
1 kg Mehl
1 Zwiebel
je 1 rote und grüne Paprikaschote
8 Tomaten
150 g roher Schinken
600 g gegartes Hühnerfleisch
2 Eßl. Öl
$^{1}/_{4}$ Teel. Salz
je 1 Prise Pfeffer und Knoblauchpulver
1 Ei
1 Eßl. Butter

Zubereitungszeit:
1 Stunde

Backzeit:
45 Minuten

Lagerdauer:
3 Monate

So wird's gemacht:

Die Hefe mit der lauwarmen Milch, der geschmolzenen Margarine, dem Salz und dem Mehl zu einem geschmeidigen Teig verarbeiten, schlagen, bis der Teig Blasen wirft und den Teig danach 20 Minuten an einem warmen Ort gehen lassen. • Die Zwiebel schälen und kleinwürfeln. Die Paprikaschoten halbieren, von Rippen und Kernen befreien, die Schotenhälften waschen und ebenso klein wie die Zwiebel schneiden. • Die Tomaten am stiellosen Ende kreuzweise einritzen, mit kochendem Wasser überbrühen und einige Minuten im heißen Wasser liegen lassen. Die dabei aufgesprungene Tomatenhaut abziehen und die Tomaten in kleine Stücke schneiden. • Den Schinken und das Hühnerfleisch ebenfalls in Würfel schneiden. • Das Öl erhitzen und die Zwiebel-, Paprika-, Schinken- und Hühnerfleischwürfel darin anbraten. Dann die Tomatenstücke so lange mitbraten, bis deren Flüssigkeit verdunstet ist. Das Salz, den Pfeffer und das Knoblauchpulver untermischen. • Den Hefeteig flach ausrollen, vier runde Platten von etwa 30 cm Durchmesser daraus schneiden und die Füllung auf je zwei Teigplatten verteilen. Die Ränder mit Wasser befeuchten, die leeren Teigplatten über die Füllung legen und die Ränder gut festdrücken. • Den Backofen auf 200° vorheizen. • Das Ei verquirlen und eine Pastete damit bestreichen. • Die Butter schmelzen lassen und die zweite Pastete damit bestreichen. • Beide Pasteten auf ein Backblech legen, noch einmal 15 Minuten gehen lassen und danach 45 Minuten backen. • Die mit der Butter bestrichene Pastete nach 30 Minuten aus dem Backofen nehmen und abkühlen lassen.

Richtig einfrieren:

Die noch nicht ganz erkaltete Pastete in Alufolie einpacken, gut verschließen, beschriften und einfrieren.

Vor dem Essen:

Die gefrorene Pastete bei 50° 1 Stunde im Backofen auftauen und anschließend 15 Minuten bei 200° backen.

Unser Tip:

Sie können die Pastete auch ungebacken einfrieren; die Backzeit erhöht sich dann aber nach dem Auftauen um weitere 30 Minuten.

Feiner Sandkuchen

Zutaten für 2 Kuchen:
500 g Butter
2 Eßl. Semmelbrösel
abgeriebene Schale von je 1 Zitrone und Orange
400 g Zucker
6 Eier
4 Eigelbe
300 g Mehl
300 g Speisestärke
2 gestr. Teel. Backpulver
1 gestr. Eßl. Puderzucker

Zubereitungszeit:
30 Minuten

Backzeit:
etwa 1 Stunde

Lagerdauer:
6 Monate

So wird's gemacht:

Die Butter warm stellen, damit sie geschmeidig wird. • 2 Kuchenformen (Springformen oder Kastenformen) mit Butter ausstreichen und mit Semmelbrösel ausstreuen. • Die weiche Butter mit der abgeriebenen Zitronen- und Orangenschale und dem Zucker schaumig rühren. Nach und nach die Eier und die Eigelbe zufügen und dazwischen immer wieder 1 Eßlöffel Mehl zugeben, damit die Masse nicht gerinnt. • Das restliche Mehl mit der Speisestärke und dem Backpulver sieben und unter den Teig rühren. • Den Backofen auf 200° vorheizen. • Den Teig in die vorbereiteten Kuchenformen füllen und auf der mittleren Schiebeleiste 10 Minuten backen. • Nach 10 Minuten mit einem nassen Messer die leichte Haut des Teiges gitterartig einritzen, die Kuchen wieder in den Backofen schieben und weitere 50 Minuten backen. • Nach Ende der angegebenen Backzeit mit einem Holzstäbchen in die Kuchen stechen und prüfen, ob kein Teig an dem Holzstäbchen haften bleibt. Ist dies der Fall, die Kuchen aus dem Backofen nehmen, etwas abkühlen lassen, dann stürzen und einen der beiden Kuchen mit Puderzucker besieben.

Richtig einfrieren:

Den noch warmen Kuchen in Alufolie oder Gefrierbeutel verpacken, beschriften und einfrieren.

Richtig auftauen:

Den Kuchen entweder über Nacht bei Raumtemperatur auftauen lassen oder den noch gefrorenen Kuchen in die Form zurückgeben und bei 175° 20 Minuten auftauen und nochmals leicht nachbacken. Den fertigen Kuchen ebenfalls mit Puderzucker besieben.

Unser Tip:

Wenn Sie den zum Einfrieren bestimmten Kuchen gleich in einer Aluminiumform backen, können Sie den Kuchen in der Form verpacken, einfrieren und im Backofen wieder auftauen.

Sonntags-Napfkuchen

Zutaten für 2 Kuchen:
1 kg Mehl
80 g Hefe
1/8 l lauwarme Milch
Fett für die Formen
2 Eßl. Semmelbrösel
400 g Butter
300 g Zucker
6 Eier
4 Eigelbe
1/2 Teel. Salz
1 Prise geriebene Muskatnuß
abgeriebene Schale von 1 Zitrone
6 Eßl. Sahne
100 g Rosinen
100 g gewürfeltes Zitronat
100 g abgezogene grob gehackte Mandeln
100 g gewürfeltes Orangeat
1 Eßl. Rum
Puderzucker

Zubereitungszeit:
1 Stunde

Backzeit:
1 Stunde

Lagerdauer:
4 Monate

Unser Tip:
Sie können den einen Teil des Hefeteigs bereits vor dem Gehen ungebacken einfrieren. Der Teig muß dann vor dem Backen bei Zimmertemperatur auftauen und gehen, ehe er wie frisch gebacken wird.

So wird's gemacht:
Das Mehl in eine Schüssel sieben, in die Mitte eine Vertiefung drücken und die Hefe hineinbröckeln. Die Hefe mit etwas Mehl und der lauwarmen Milch auflösen und den Hefevorteig 15 Minuten gehen lassen. Zwei Backformen mit dem Fett ausstreichen und mit Semmelbrösel ausstreuen. • Die Butter mit dem Zucker schaumig rühren und nach und nach die Eier und die Eigelbe, das Salz, die Muskatnuß, die Zitronenschale und die Sahne unterrühren. • Das Butter-Zucker-Gemisch zum Hefevorteig geben und mit dem restlichen Mehl einen glatten flaumigen Hefeteig rühren. Den Hefeteig so lange rühren, bis der Teig Blasen wirft; den Teig danach noch einmal 10 Minuten gehen lassen. • Die Rosinen, das Zitronat, die Mandeln und das Orangeat miteinander mischen, den Rum darübergießen und alles einige Minuten durchziehen lassen. • Die Fruchtmischung rasch unter den Hefeteig rühren – nicht zu lange rühren, weil der Teig von den Früchten sonst eine graue Farbe bekommt. • Den Teig in die beiden Formen füllen und wiederum an einem warmen Ort zugedeckt 15 Minuten gehen lassen. • Den Backofen auf 200° vorheizen und die gegangenen Napfkuchen auf der unteren Schiebeleiste 1 Stunde backen. • Die Kuchen nach dem Backen aus der Form stürzen, etwas abkühlen lassen und einen der beiden Kuchen mit dem Puderzucker besieben.

Richtig einfrieren:
Den noch warmen Kuchen gut in Alufolie oder Gefrierbeutel verpacken, beschriften und einfrieren.

Richtig auftauen:
Den Kuchen entweder über Nacht bei Zimmertemperatur auftauen lassen oder den noch gefrorenen Kuchen wieder in die Form geben und bei 175° etwa 50 Minuten auftauen und noch etwas nachbacken.

Indischer Fruchtsalat

Zutaten für 3 Mahlzeiten:
4 Orangen
2 Äpfel
Saft von 2 großen Zitronen
1 Ananas
1 Honigmelone
4 Pfirsiche
2 Eßl. kandierter Ingwer
$^1/_2$ Tasse Wasser
2 Eßl. Honig
6 gestr. Eßl. Zucker
4 Eßl. Cointreau
1 Eßl. Cognak

Zum Abrunden:
2 Eßl. gehackte Walnußkerne

Zubereitungszeit:
45 Minuten

Lagerdauer:
2 Monate

So wird's gemacht:

Die Orangen schälen, in Spalten zerteilen, die Spalten würfeln und dabei die Kerne entfernen. • Die Äpfel schälen, vierteln, von Kerngehäusen befreien, in gleichgroße Spalten schneiden und sofort mit Zitronensaft beträufeln. • Die Ananas schälen, den harten inneren Kern entfernen, die Frucht dann in Scheiben und zuletzt in Würfel schneiden (eventuell Dosenananas verwenden). • Die Honigmelone halbieren, die Kerne herauskratzen, die Melonenhälften schälen und würfeln. • Die Pfirsiche kurz mit heißem Wasser überbrühen, die Pfirsichhaut abziehen und die Pfirsiche in Würfel schneiden. • Den kandierten Ingwer sehr klein würfeln. • Das Wasser mit dem Honig und dem Zucker mischen und unter ständigem Rühren einmal aufkochen und wieder abkühlen lassen. • Den Sirup mit dem Zitronensaft, dem Cointreau und dem Cognac mischen, unter die Fruchtwürfel heben und zugedeckt etwa 10 Minuten durchziehen lassen. • Den Fruchtsalat in 3 familiengerechte Portionen teilen und eine Portion mit den gehackten Walnüssen bestreuen.

Richtig einfrieren:

Die beiden anderen Portionen des Fruchtsalates in Gefrierdosen füllen, gut verschließen, beschriften und einfrieren.

Vor dem Essen:

Den Fruchtsalat zugedeckt über Nacht oder einige Stunden in Raumtemperatur auftauen lassen, noch einmal gut durchmischen und vor dem Servieren mit gehackten Walnußkernen bestreuen.

Unser Tip:

Sollten Sie nicht alle aufgezählten Früchte auf dem Markt finden, so reichern Sie den Fruchtsalat nach dem Auftauen und vor dem Servieren mit Bananenscheiben oder halbierten Weintrauben an.

Echte Vanille-Eiscreme

Zutaten für 2 Mahlzeiten:
$^1/_2$ l Milch
6 Eigelbe
100 g Puderzucker
1 Vanilleschote
$^1/_2$ l Sahne

Zubereitungszeit:
40 Minuten

Lagerdauer:
3 Monate

So wird's gemacht:

Die Milch mit den Eigelben und dem Puderzucker verrühren. • Die Vanilleschote der Länge nach aufschneiden, in die Milch geben und alles unter Rühren bei milder Hitze so lange kochen, bis die Masse dicklich wird. • Die Creme unter öfterem Umrühren erkalten lassen, damit sich keine Haut bildet. • Die Sahne steif schlagen. • Die Vanilleschote aus der Creme nehmen und die Sahne unterheben. • Zwei Eiswürfelschalen ohne Würfeleinsatz mit der Creme füllen und im Vorgefrierfach hartfrieren lassen. • Die Eiscreme nacheinander aus beiden Schalen stürzen; dafür ein feuchtheißes Tuch auf die Unterseite legen. Eine Portion der Eiscreme in Scheiben schneiden und servieren, die andere Portion Eiscreme auf eine Platte legen und noch einmal gut hartfrieren lassen.

Richtig einfrieren:

Den hartgefrorenen Block Eiscreme verpacken, beschriften und einfrieren.

Vor dem Essen:

Die Eiscreme in Scheiben oder Würfel schneiden und vor dem Servieren einige Minuten antauen lassen.

So können Sie abwandeln:

Wenn Sie die Vanilleschote weglassen und stattdessen 2 gehäufte Eßlöffel Pulverkaffee in der Milch auflösen, erhalten Sie Mokka-Eiscreme; wenn Sie statt des Kaffees 2 gehäufte Eßlöffel Kakao in der Milch auflösen, erhalten Sie Schokoladen-Eiscreme. Besonders festlich können Sie die Vanille-Eiscreme servieren, wenn Sie heiße Schokoladensauce, mit Ingwer abgeschmeckt, dazu reichen. Sehr fein schmeckt die Vanille-Eiscreme auch mit erhitzten Himbeeren aus der Tiefkühltruhe, die mit etwas Likör verfeinert wurden.

Unser Tip:

Sie können diese Vanille-Eiscreme nicht nur als Grundlage für alle Arten von Eisbechern verwenden, sondern auch zum Bereiten von Eiskaffee oder Eisschokolade.

Italienisches Zitroneneis

Zutaten für 2 Mahlzeiten:
Saft von 10 Zitronen
250 g Puderzucker
$^1/_2$ l Milch
$^1/_4$ l Wasser

Zubereitungszeit:
35 Minuten

Lagerdauer:
6 Monate

So wird's gemacht:

Die Zitronen gründlich auspressen und den Saft durch ein Sieb gießen. • Den Zitronensaft zunächst gut mit dem Puderzucker verrühren, dann mit der Milch mischen und soviel von dem Wasser zugeben, daß insgesamt 1 l Flüssigkeit entsteht. • Die Zitronenflüssigkeit in zwei Eiswürfelschalen ohne Würfeleinsatz füllen, glattstreichen und beide Schalen im Vorgefrierfach hart werden lassen. • Die Eiswürfelschalen nacheinander stürzen, dabei die Unterseite der Schalen mit einem feuchtheißen Tuch belegen, damit der Inhalt sich aus der Schale löst. • Das Eis in gleichgroße Würfel schneiden und eine Portion sofort anrichten, die andere Portion auf eine Platte legen und noch einmal hartfrieren lassen.

Richtig einfrieren:

Die hartgefrorenen Eiswürfel in einen Gefrierbeutel geben, gut verschließen, beschriften und einfrieren.

Vor dem Essen:

Die hartgefrorenen Eiswürfel anrichten und vor dem Servieren einige Minuten antauen lassen.

So können Sie abwandeln:

Das Zitroneneis läßt sich auch nur mit Wasser zubereiten; so ist es im heißen Sommer am erfrischendsten. Das Zitroneneis kann auch in Kunststoffbehältern für Eis am Stiel portionsweise eingefroren werden, worüber sich Kinder sehr freuen. Außerdem lassen sich aus beliebigen frischgepreßten Fruchtsäften oder aus Säften aus der Flasche verschiedene Fruchteis-Sorten herstellen.

Unser Tip:

Wenn das Eis ohne Milch, also nur mit Saft und Wasser zubereitet wird, erhöht sich die Lagerdauer auf 3 Monate.

Johannisbeer-Sahneeis

Zutaten für 2 Mahlzeiten:
$^3/_4$ l schwarzer Johannisbeersaft
Saft von 1 Zitrone
150 g Puderzucker
$^1/_2$ l Sahne

Zubereitungszeit:
20 Minuten

Lagerdauer:
4 Monate

So wird's gemacht:
Den Johannisbeersaft mit dem Zitronensaft und dem Puderzucker verrühren, bis der Zucker sich völlig gelöst hat. • Die Sahne steif schlagen und unter den Johannisbeersaft mischen. • Zwei Eiswürfelschalen ohne Würfeleinsatz mit der Johannisbeercreme füllen, die Oberfläche glattstreichen und beide Schalen im Vorgefrierfach hart werden lassen. • Beide Formen nacheinander aus dem Gefriergerät nehmen, ein heißfeuchtes Tuch auf die Unterseite der Eiswürfelformen legen, den Inhalt stürzen, in gleichgroße Würfel schneiden, eine Portion anrichten, die andere Portion auf eine Platte geben und nochmal gut hartfrieren lassen.

Richtig einfrieren:
Die hartgefrorenen Eiscremewürfel in einen Gefrierbeutel füllen, gut verschließen, beschriften und einfrieren.

Vor dem Essen:
Die gefrorenen Eiswürfel in einer Schüssel oder auf einer Platte anrichten, einige Minuten antauen lassen und servieren. • Nach Belieben die Eiscreme mit geschlagener Sahne verzieren und Eiswaffeln dazu reichen.

So können Sie abwandeln:
Das Sahneeis schmeckt auch sehr gut mit Himbeersaft, Aprikosensaft oder Kirschsaft. Soll es kalorienärmer werden, so verwendet man nur $^1/_4$ l Sahne und $^1/_4$ l Milch.

Unser Tip:
Dieses Frucht-Sahneeis können Sie selbstverständlich auch mit jedem anderen Fruchtsaft zubereiten.

Früchtequark

Zutaten für 3 Mahlzeiten:
3 Orangen
4 Pfirsichhälften aus der Dose
4 Ananasscheiben aus der Dose
$1^1/_2$ kg Magerquark
300 g Zucker
2 Päckchen Vanillinzucker
$^1/_4$ l Milch
$^1/_8$ l gemischter Obstsaft aus Dosen

Zum Abrunden:
4 Eßl. geriebene Nüsse

Lagerdauer:
8 Monate

So wird's gemacht:

Die Orangen schälen, in Spalten zerteilen und würfeln; dabei die Kerne entfernen. • Die Pfirsichhälften und die Ananasscheiben in gleichgroße Stücke schneiden und mit den Orangenstücken mischen. • Den Quark mit dem Zucker, dem Vanillinzucker, der Milch und dem Obstsaft zu einer geschmeidigen Masse verrühren. • Die Fruchtwürfel locker unter den Quark heben und den Quark in 3 Portionen teilen. • Eine Portion der Quarkspeise anrichten und mit den geriebenen Nüssen bestreuen.

Richtig einfrieren:

2 Portionen des Früchtequarks in Gefrierdosen füllen, diese gut verschließen, beschriften und einfrieren.

Vor dem Essen:

Den gefrorenen Früchtequark über Nacht im Kühlschrank oder bei Raumtemperatur etwa 6 Stunden auftauen lassen und vor dem Servieren noch einmal gut durchrühren. • Den Früchtequark vor dem Servieren mit den geriebenen Nüssen bestreuen.

Unser Tip:

Sie können den angemachten Quark auch ohne Früchte einfrieren und nach dem Auftauen jeweils mit vorhandenen Früchten wie Äpfel, Birnen oder Bananen mischen.

Himbeerquark

Zutaten für 4 Mahlzeiten:
1 kg Waldhimbeeren
Saft von 2 Zitronen
400 g Zucker
2 kg Magerquark
$^1/_2$ l Milch
2 Eier

Zubereitungszeit
30 Minuten

Lagerdauer:
8 Monate

So wird's gemacht:
Die Himbeeren verlesen, kurz kalt abbrausen und im Sieb abtropfen lassen. • Die Himbeeren in eine große Schüssel geben, mit dem Zitronensaft und dem Zucker mischen und etwas Saft ziehen lassen. • Den Magerquark mit der Milch und den Eiern kräftig mit dem Schneebesen oder dem Handrührgerät zu einer cremigen Masse verrühren. • Die Himbeeren locker unter den Quark heben und die Quarkspeise in 4 Familienportionen teilen.

Richtig einfrieren:
3 Portionen der Quarkspeise in Gefrierbehälter füllen, gut verschließen, beschriften und einfrieren.

Vor dem Essen:
Die gefrorene Quarkspeise über Nacht im Kühlschrank oder etwa 6 Stunden bei Raumtemperatur auftauen lassen und vor dem Servieren noch einmal gut durchrühren.

So können Sie abwandeln:
Die gezuckerten Beeren können vor dem Mischen mit dem Quark auch im Mixer püriert werden, so erhalten Sie eine besonders cremige Fruchtspeise.

Unser Tip:
Der Quark läßt sich genauso gut mit jeder anderen Beerensorte zubereiten.

Aktuelle, praktische und preiswerte Küchen-Ratgeber von Gräfe und Unzer

Annette Wolter
Selber einmachen
Die besten Rezept-Ideen nach Großmutters Art – und viele Tips aus Annette Wolters jahrzehntelanger Erfahrung. Kompott, Marmelade, Rumtopf und vieles andere selber einmachen: der nützliche Freizeitspaß für die ganze Familie. 128 Seiten mit 10 Farbbildern und vielen Zeichnungen. Paperback.

Theodor Böttiger
Gourmet-Menüs für Gäste und Feste
Das praxisgerechte Bild-Kochbuch für Gourmets, mit ausgefeilten und erprobten Rezepten, die jeder Hausfrau sicher und problemlos gelingen. Alles über den gut gedeckten Tisch. Anrichte – Serviertips, sowie Hinweise über Planung und Einkauf vervollständigen dieses Bild-Kochbuch und machen es zu einer wertvollen und zuverlässigen Hilfe für jede Hausfrau. Mit Studioteil: das erfolgreiche Menü. Band 6 der Reihe »Moderne Küchen-Bibliothek in 10 Bänden«. 128 Seiten mit über 50 Farbbildern von kompletten Menüs und festlich gedeckten Tischen, viele Zeichnungen. Farbiger Glanzeinband.

Annette Wolter
Spezialitäten aus 30 Ländern
Berühmte und typische, raffinierte und verblüffend einfache Genüsse aus allen Kochtöpfen rund um den Globus sind hier – **zum erstenmal so stark bebildert** – versammelt. Über alles Wissenswerte der Landesküchen informiert der Studioteil »Kochkunst in Ost und West« – mit vielen nützlichen Tips.
Dieser außergewöhnlich preiswerte Band bringt Abwechslung auch in Ihre Küche! Band 9 der Reihe »Moderne Küchen-Bibliothek in 10 Bänden«. 128 Seiten mit über 50 Farbbildern und vielen Zeichnungen. Farbiger Glanzeinband.

Sach- und Rezeptregister

3. und hintere Umschlagseite:
Schweinerollbraten (Rezept Seite 32)